PRENTICE HALL

WORLD STUDIES
EASTERN HEMISPHERE

Guía de estudio de lectura y vocabulario

PEARSON

Prentice
Hall

Boston, Massachusetts
Upper Saddle River, New Jersey

ISBN 0-13-251646-2

1 2 3 4 5 6 7 8 9 10   10 09 08 07 06

Contenido

Cómo usar este libro

La Guía de estudio de lectura y vocabulario se diseñó para ayudarte a comprender el contenido de World Studies. También te ayudará a construir tus destrezas de lectura y vocabulario. Por favor, tómate el tiempo necesario para revisar estas dos páginas a fin de que veas cómo funciona este libro.

Las páginas de Resumen de la Sección proporcionan un resumen fácil de leer para cada sección.

Se presenta un resumen de las ideas más importantes de la sección.

Los encabezados grandes en color azul corresponden a los encabezados grandes en color rojo de tu libro de texto.

Este icono te indica cuándo debes responder a la pregunta de Verifica tu lectura.

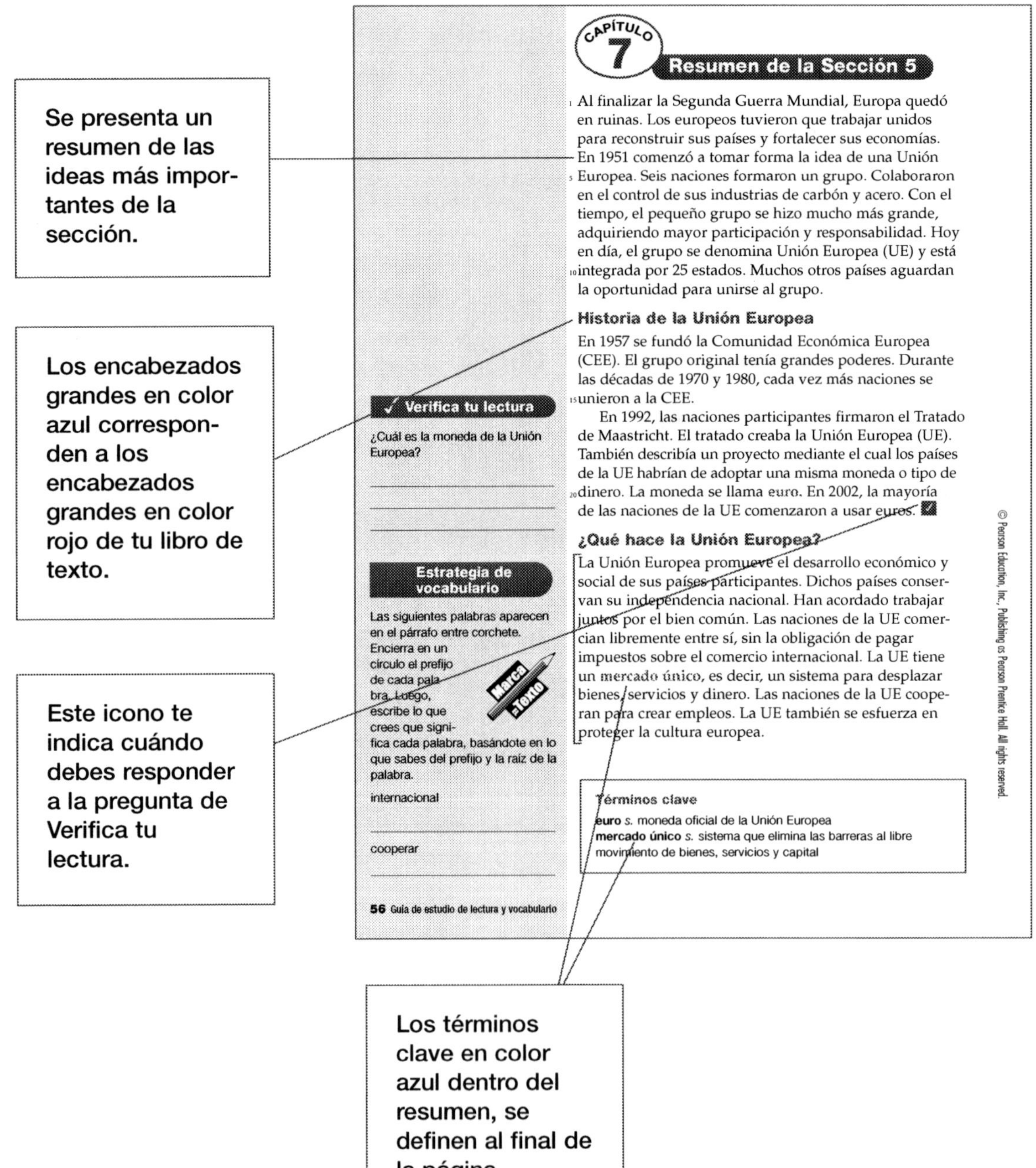

CAPÍTULO 7 — Resumen de la Sección 5

Al finalizar la Segunda Guerra Mundial, Europa quedó en ruinas. Los europeos tuvieron que trabajar unidos para reconstruir sus países y fortalecer sus economías. En 1951 comenzó a tomar forma la idea de una Unión Europea. Seis naciones formaron un grupo. Colaboraron en el control de sus industrias de carbón y acero. Con el tiempo, el pequeño grupo se hizo mucho más grande, adquiriendo mayor participación y responsabilidad. Hoy en día, el grupo se denomina Unión Europea (UE) y está integrada por 25 estados. Muchos otros países aguardan la oportunidad para unirse al grupo.

Historia de la Unión Europea

En 1957 se fundó la Comunidad Económica Europea (CEE). El grupo original tenía grandes poderes. Durante las décadas de 1970 y 1980, cada vez más naciones se unieron a la CEE.

En 1992, las naciones participantes firmaron el Tratado de Maastricht. El tratado creaba la Unión Europea (UE). También describía un proyecto mediante el cual los países de la UE habrían de adoptar una misma moneda o tipo de dinero. La moneda se llama euro. En 2002, la mayoría de las naciones de la UE comenzaron a usar euros.

¿Qué hace la Unión Europea?

La Unión Europea promueve el desarrollo económico y social de sus países participantes. Dichos países conservan su independencia nacional. Han acordado trabajar juntos por el bien común. Las naciones de la UE comercian libremente entre sí, sin la obligación de pagar impuestos sobre el comercio internacional. La UE tiene un mercado único, es decir, un sistema para desplazar bienes, servicios y dinero. Las naciones de la UE cooperan para crear empleos. La UE también se esfuerza en proteger la cultura europea.

Verifica tu lectura

¿Cuál es la moneda de la Unión Europea?

Estrategia de vocabulario

Las siguientes palabras aparecen en el párrafo entre corchete. Encierra en un círculo el prefijo de cada palabra. Luego, escribe lo que crees que significa cada palabra, basándote en lo que sabes del prefijo y la raíz de la palabra.

internacional

cooperar

Términos clave

euro *s.* moneda oficial de la Unión Europea
mercado único *s.* sistema que elimina las barreras al libre movimiento de bienes, servicios y capital

56 Guía de estudio de lectura y vocabulario

Los términos clave en color azul dentro del resumen, se definen al final de la página.

Las preguntas y actividades en los márgenes te ayudarán a tomar notas de las ideas principales, así como practicar el Objetivo de la destreza de lectura y la Estrategia de vocabulario.

✓ Verifica tu lectura

Menciona las cuatro principales regiones climáticas de Europa y Rusia.

✓ Verifica tu lectura

¿En dónde se encuentra el bosque más grande del mundo?

Estrategia de vocabulario

A partir de las claves de contexto, escribe la definición de la palabra *tundra*. Encierra en un círculo las palabras o frases del texto que te ayuden a escribir la definición.

tundra significa:

En estas regiones hace mucho frío todo el año. Por otra parte, el sudeste de Europa y el sudoeste de Rusia tienen clima semiárido. La temperatura aquí es muy elevada y la lluvia es escasa. Europa también tiene tres regiones de clima moderado que no están en Rusia.

Regiones de vegetación natural

También hay muchos tipos diferentes de vegetación natural en Europa y Rusia. Las cuatro principales regiones de vegetación son *bosque, pastizal, mediterránea* y *tundra*.

Gran parte de la vegetación de Europa consiste en bosques. El norte de Europa tiene bosques de grandes árboles de hojas perennes. La mayoría de Europa occidental y central tiene bosques de árboles que mudan sus hojas en otoño. Rusia también tiene bosques. La taiga de Siberia es el bosque más grande del mundo.

En Europa, los pastizales cubrían amplias zonas de la Llanura Europea del Norte. Hoy en día, esas tierras se usan para la agricultura. En Rusia, los pastizales se llaman estepas. La tierra de las estepas es muy rica y adecuada para la agricultura.

La vegetación mediterránea es una combinación de árboles, arbustos y plantas pequeñas.

En el norte de Europa y Rusia hay una región fría y árida llamada tundra. En la tundra no hay árboles y el suelo está cubierto de nieve la mayor parte del año. El suelo contiene permafrost. Cuando la superficie se descongela, la hierba, los musgos y otras formas de vegetación crecen rápidamente.

Preguntas de repaso

1. ¿Cómo es el clima en las áreas próximas a un océano?

2. Menciona dos regiones de vegetación en Europa y Rusia.

Términos clave

estepas *s.* pastizales en el suelo fértil de Rusia
tundra *s.* región fría, árida y sin árboles, cubierta de nieve la mayor parte del año
permafrost *s.* capa del suelo que siempre está congelada bajo la capa superficial de tierra

---

Usa los renglones provistos para responder a las preguntas. También puedes usar los renglones para tomar notas.

Cuando veas este símbolo, marca el texto como se indica.

Las preguntas al final de cada sección y de cada capítulo te ayudarán a repasar el contenido y a evaluar tu comprensión.

Evaluación del Capítulo 6

e tierra rodeada casi por completo de agua, se conoce como sula.
a.
rio.

e se localizan las ciudades más grandes y las principales industrias?
tierras altas del Noroeste
Llanuras Europeas del Norte
Altiplano Central
Sistema Montañoso Alpino

3. ¿Cuál de los siguientes describe la región de clima subártico de Europa y Rusia?
   A. Esta región tiene temperaturas altas y poca lluvia.
   B. Esta región tiene inviernos largos y fríos, y veranos calurosos.
   C. Esta región tiene veranos calurosos e inviernos templados y lluviosos.
   D. Esta región tiene veranos cortos e inviernos largos y fríos.

4. ¿Qué tipo de vegetación crece en la tundra?
   A. árboles de hojas perennes
   B. pastizales
   C. hierbas y musgos
   D. una combinación de árboles, arbustos y plantas pequeñas

5. ¿Por qué ha sido difícil que Rusia convierta sus recursos naturales en riqueza?
   A. Rusia tiene pocos depósitos de recursos naturales.
   B. La mayoría de los recursos naturales de Rusia está en lugares muy apartados, en Siberia.
   C. Muchos de sus recursos, como los bosques, se agotaron hace mucho.
   D. Todavía no ha construido oleoductos para transportar petróleo.

Pregunta de respuesta corta

¿Cómo afecta la Corriente del Atlántico Norte al clima del noroeste de Europa?

Cómo usar este libro

Fundamentos de Geografía

Resumen de la Sección 1

El estudio de la Tierra y cinco modos de examinar la Tierra

La **geografía** es el estudio de la Tierra. Cinco temas ayudan a los geógrafos a seguir la información acerca de la Tierra y sus habitantes. Estos temas son: 1. ubicación, 2. regiones, 3. lugar, 4. movimiento y 5. interacción entre seres humanos y ambiente. Nos ayudan a ver dónde se hallan las cosas y por qué están ahí. ✓

1. Los geógrafos estudian un lugar averiguando su **ubicación.** Los geógrafos usan **direcciones cardinales** para describir el norte, el sur, el este y el oeste.

Otra forma de describir la ubicación es por medio de latitud y longitud. La **latitud** es la distancia al norte o al sur del ecuador. La **longitud** es la distancia al este o al oeste del primer meridiano. La latitud y la longitud se miden en grados.

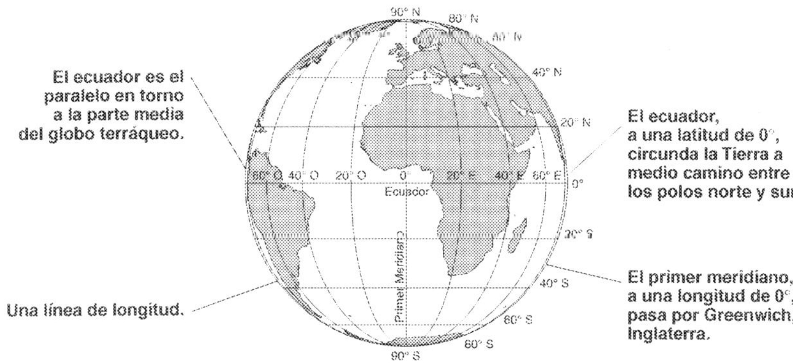

Las líneas de latitud se llaman también **paralelos** y son círculos que van de este a oeste alrededor del globo terráqueo. La latitud a 0 grados (0°) es el ecuador. Supón que cortas la Tierra a la mitad por el ecuador. Cada mitad de la Tierra es un **hemisferio.** El ecuador divide la Tierra en hemisferios norte y sur.

Términos clave

geografía *s.* estudio de la Tierra

direcciones cardinales *s.* las direcciones norte, este, sur y oeste

latitud *s.* distancia al norte o al sur del ecuador terrestre, en grados

longitud *s.* distancia al este o al oeste del primer meridiano, en grados

paralelo *s.* línea de latitud

hemisferio *s.* una mitad de la Tierra

Lee por adelantado para saber qué tipos de cosas tienen las regiones en común. Elige dos y escríbelas.

1. _______________________

2. _______________________

¿Qué tipos de cosas van de un lugar a otro en el tema del movimiento?

____

____

____

¿Qué significa la palabra *ambiente* en el enunciado subrayado? Encierra en un círculo las palabras de este párrafo que te podrían ayudar a saber el significado de *ambiente* y escribe en seguida una definición.

____

____

____

Las líneas de longitud, también llamados **meridianos**, van de norte a sur. El primer meridiano es la línea de longitud que señala los 0° de longitud. Divide la Tierra en hemisferios oriental y occidental.

Las líneas de longitud y latitud forman una cuadrícula global. Por medio de esta cuadrícula, los geógrafos expresan la ubicación absoluta. La ubicación absoluta de un lugar es su dirección exacta. Por ejemplo, Savannah, Georgia, se localiza a 32° de latitud norte y a 81° de longitud oeste.

2. Cuando los lugares tienen algo en común, como los habitantes, la historia, el clima o el terreno, los geógrafos los llaman **regiones.** Por ejemplo, el estado donde vives es una región porque existe un gobierno que unifica todo el estado.

3. Los geógrafos también estudian el **lugar.** El lugar incluye características tanto humanas como físicas de una ubicación específica. Podrías afirmar que el terreno es montañoso. Esto es una característica física. O podrías hablar acerca de cuántas personas viven en un lugar. Ésa es una característica humana.

4. El tema del **movimiento** te dice cómo se desplazan las personas, bienes e ideas de un lugar a otro. Por ejemplo, el fútbol es un juego popular en partes de Estados Unidos. Personas que juegan fútbol se han mudado aquí de otros países. Este tema te ayuda a comprender cómo y por qué cambian las cosas. ✓

5. El último tema es la **interacción entre seres humanos y ambiente.** Se ocupa de cómo las personas alteran el mundo que las rodea, y también de cómo el ambiente cambia a las personas.

Preguntas de repaso

1. ¿Qué estudian los geógrafos?

____

____

2. ¿Qué es un hemisferio?

____

____

Término clave

meridiano *s.* línea de longitud

Resumen de la Sección 2

Globos y mapas

La mejor forma de mostrar la Tierra es usar un globo terráqueo. Un globo terráqueo es un modelo de la Tierra con su misma forma redonda. Mediante globos terráqueos, los cartógrafos pueden mostrar continentes y océanos de la Tierra en gran medida como son en realidad. La única diferencia es la escala.

Sin embargo, los globos terráqueos tienen un problema. Un globo lo suficientemente grande para mostrar las calles de tu ciudad sería enorme, demasiado grande para guardarlo en el bolsillo.

Debido a este problema, se usan mapas planos. Pero los mapas también tienen problemas. La Tierra es redonda y un mapa es plano. Es imposible mostrar la Tierra en una superficie plana sin distorsión. Algo se verá demasiado grande o pequeño. O estará en un lugar erróneo. Los cartógrafos han hallado formas de limitar estas distorsiones. ✔

¿Dónde obtienen los cartógrafos la información que necesitan para hacer un mapa? Para hacer un mapa, los cartógrafos miden el suelo. También usan fotografías tomadas desde aviones e imágenes de satélite. Las imágenes de satélite son imágenes de la superficie terrestre tomadas desde un satélite. Ambas proporcionan información actual acerca de la superficie terrestre.

Los geógrafos también usan software de computadora. Un sistema de información geográfica, o GIS (por sus siglas en inglés) es útil para los gobiernos y las empresas.

Poner todo en el mapa

En 1569, un cartógrafo llamado Gerardus Mercator hizo un mapa para marineros. Mercator se proponía hacer un mapa que ayudara a los marineros a hallar tierra. Su mapa mostraba las direcciones con exactitud. Pero los tamaños y las distancias estaban distorsionados. Hoy en día todavía se usa la proyección de Mercator.

Términos clave

escala *s.* tamaño relativo

distorsión *s.* pérdida de exactitud

sistemas de información geográfica *s.* sistemas basados en computadora que proporcionan información acerca de ubicaciones

proyección *s.* forma de hacer un mapa de la Tierra en una superficie plana

---

Objetivo de la destreza de lectura

Vuelve a escribir el párrafo entre corchete en menos de 25 palabras.

____

____

____

✓ Verifica tu lectura

¿Cuáles son las ventajas y desventajas de dos formas de mostrar la superficie de la Tierra?

Globos terráqueos

Ventaja: _____________

____

Desventaja: _____________

____

Mapas

Ventaja: _____________

____

Desventaja: _____________

____

Estrategia de vocabulario

Localiza el enunciado subrayado. Con base en las claves de contexto, escribe una definición de *mapa conforme*. Encierra en un círculo las palabras o frases del texto que te sirvieron para escribir la definición.

____

____

____

✓ Verifica tu lectura

¿Dónde hay distorsión en un mapa de Robinson?

____

____

✓ Verifica tu lectura

¿Qué te indican las diferentes partes de un mapa?

Rosa de los vientos: _______________

____

Barra de escala: _______________

____

Clave: _______________

____

En un globo terráqueo, las líneas de longitud se encuentran en los polos. Para hacer un mapa plano, ₃₅Mercator tuvo que estirar los espacios entre las líneas de longitud. En el mapa, las tierras cercanas al ecuador tenían aproximadamente el tamaño correcto. Pero las áreas de tierra cerca de los polos se agrandaban mucho. <u>Los geógrafos describen la proyección de Mercator como ₄₀un mapa conforme.</u> Éste muestra las formas correctas, pero no las distancias ni tamaños verdaderos.

Otro tipo de mapa lleva el nombre de su diseñador: Arthur Robinson. La proyección de Robinson muestra casi todas las distancias, tamaños y formas con exactitud. Aun ₄₅así tiene distorsiones, sobre todo alrededor de los bordes del mapa. Es uno de los mapas preferidos hoy en día. ☑

Leer mapas

Todos los mapas tienen las mismas partes básicas. Tienen una rosa de los vientos que muestra la dirección. Tienen una barra de escala que muestra cómo son las distancias en el mapa en comparación con las distancias reales en el terreno. ₅₅Además, tienen una clave, o leyenda que explica los símbolos y el sombreado del mapa. ☑

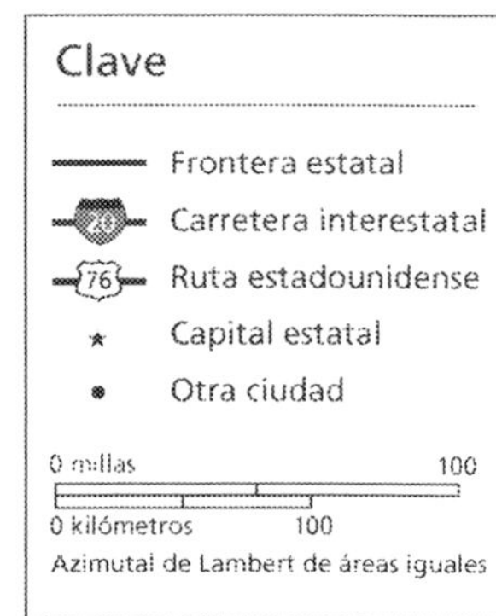

Preguntas de repaso

1. ¿De dónde obtienen los cartógrafos la información que necesitan para hacer un mapa?

____

____

2. ¿Qué proyección de mapa es la que sería más probable que un marinero usara?

____

____

Términos clave

rosa de los vientos *s.* diagrama de una brújula que muestra la dirección

clave *s.* parte de un mapa que explica los símbolos

1. ¿Cuál de los siguientes elementos NO es una herramienta que un geógrafo usaría para estudiar la ubicación?
   A. direcciones cardinales
   B. clima
   C. líneas de latitud
   D. grados

2. El tema que los geógrafos usan para agrupar lugares que tienen algo en común es
   A. ubicación.
   B. regiones.
   C. lugar.
   D. movimiento.

3. ¿Qué desventajas presentan todos los mapas planos?
   A. Tienen algún tipo de distorsión.
   B. Son difíciles de transportar.
   C. Existen pocas fuentes para crearlos.
   D. Sólo pueden mostrar áreas en una escala pequeña.

4. ¿Cuáles de los siguientes elementos usan los cartógrafos para hacer mapas?
   A. reconocimientos del suelo
   B. aerofotografías e imágenes de satélite
   C. sistemas de información geográfica
   D. todos los anteriores

5. ¿Cuáles son las partes básicas de todo mapa?
   A. rosa de los vientos
   B. escala
   C. simbología
   D. todos los anteriores

Pregunta de respuesta corta

¿Qué sería más útil para estudiar la forma exacta de los continentes: un globo terráqueo o un mapa? ¿Por qué?

____

____

____

____

La Tierra y el sol

El sol está aproximadamente a 93 millones de millas (150 millones de kilómetros) de distancia. No obstante, suministra a la Tierra calor y luz. Si rastrearas la trayectoria que la Tierra sigue al moverse alrededor del sol, tu dedo describiría un círculo. En vez de afirmar que la Tierra da vueltas alrededor del sol, decimos que la Tierra describe una órbita en torno al sol. Toma un año completar una revolución alrededor del sol.

Mientras describe una órbita alrededor del sol, la Tierra también gira sobre su eje. Cada rotación toma alrededor de 24 horas. Durante la rotación, es de noche en el lado más alejado del sol. Conforme ese lado gira hacia el sol, éste parece salir. Es de día en el lado que mira al sol. Conforme ese lado gira alejándose del sol, éste parece ponerse. ✓

La Tierra gira hacia el este, por lo que el día comienza antes en el este. Los gobiernos han dividido el mundo en husos horarios. Por lo regular, los husos horarios están separados por un tiempo de una hora.

Estaciones y latitud

Imagina que insertas un lápiz a través de una naranja. El lápiz es el eje y la naranja es la Tierra. Si inclinas o ladeas el lápiz, entonces también la naranja se inclina. <u>La Tierra está inclinada sobre su eje.</u> En diferentes momentos de la órbita terrestre, el hemisferio norte puede estar inclinado hacia el sol o alejado del sol. En otros momentos, ninguno de los hemisferios está inclinado hacia el sol o alejado de él. La Tierra tiene estaciones porque está inclinada durante sus revoluciones.

Llamemos al extremo del lápiz con borrador hemisferio norte, y al extremo con punta hemisferio sur. Durante varios meses del año cuando la Tierra gira en órbita alrededor del sol, el hemisferio norte (borrador) está inclinado hacia el sol. El hemisferio norte recibe mucha luz solar directa.

Términos clave

órbita *s.* trayectoria que sigue un cuerpo cuando da vueltas en torno a otro
revolución *s.* movimiento circular
eje *s.* línea imaginaria que atraviesa la Tierra entre los polos norte y sur, en torno a la cual gira la Tierra
rotación *s.* un giro completo

✓ Verifica tu lectura

Explica por qué es de día en un lado de la Tierra y de noche en el otro lado.

____

____

____

Objetivo de la destreza de lectura

Lee el enunciado subrayado. Encierra en un círculo las palabras de contexto que te dicen lo que significa *inclinado*. Escribe una definición en los renglones siguientes.

____

____

____

Esto produce la primavera y el verano en el hemisferio norte. Al mismo tiempo, el hemisferio sur (punta) está inclinado en sentido contrario al sol. El hemisferio sur recibe luz solar indirecta, lo que origina el otoño y el invierno en el hemisferio sur.

Cuando el hemisferio norte está inclinado hacia el sol, el hemisferio sur está inclinado en sentido contrario. Es por esto que las estaciones se invierten en el hemisferio sur.

La distancia de un lugar respecto al ecuador influye en la temperatura del lugar. Recuerda que las líneas de latitud circundan la Tierra arriba y abajo del ecuador. Las regiones situadas entre el Trópico de Cáncer y el Trópico de Capricornio reciben luz solar bastante directa durante todo el año. Por lo regular, el clima es caliente.

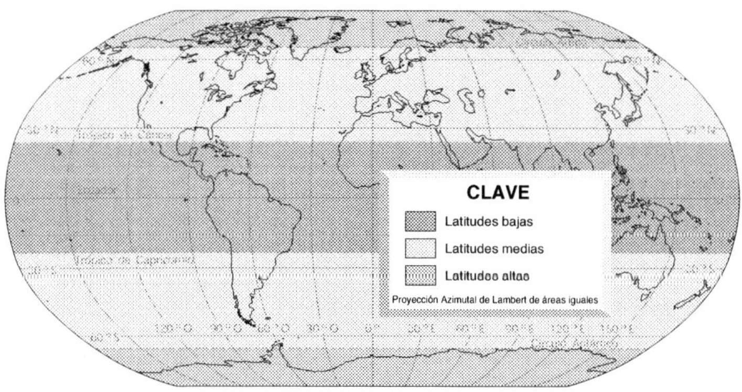

Las regiones situadas arriba del círculo ártico y abajo del círculo antártico reciben sol indirecto. Son frescas o muy frías durante todo el año.

Las regiones que se hallan entre las latitudes altas y bajas son las latitudes medias. En verano, reciben luz solar más o menos directa. En invierno, reciben luz solar indirecta. Esto significa que tienen cuatro estaciones. Los veranos son calurosos, los inviernos son fríos, y la primavera y el otoño son intermedios. ✔

Preguntas de repaso

1. ¿Qué es la rotación de la Tierra?

2. ¿Cómo dan origen a las estaciones la inclinación y la órbita de la Tierra?

Estrategia de vocabulario

En el párrafo entre corchete se usa una frase señal para mostrar un efecto. Halla la frase señal y enciérrala en un círculo. ¿Qué efecto se explica?

✓ Verifica tu lectura

¿Cómo influye la latitud en la temperatura?

Resumen de la Sección 2

Comprender la Tierra

En las profundidades del interior de la Tierra hay un núcleo de metal caliente. Alrededor hay una segunda capa llamada manto. Una tercera capa que flota encima del manto es la corteza. La superficie, o parte superior de la corteza, incluye las zonas de tierra del planeta y el lecho marino. Poderosas fuerzas moldean y alteran la Tierra. ☑

Sin embargo, la mayor parte de la superficie terrestre no es tierra, sino agua. De hecho, el agua cubre más del 70 por ciento de la Tierra. Los océanos contienen alrededor del 97 por ciento del agua de la Tierra. Esto significa que casi toda el agua de la Tierra es salada. La mayor parte del agua dulce está congelada. Las personas pueden usar sólo una pequeña parte del agua dulce de la Tierra, la cual proviene de lagos, ríos y aguas subterráneas. Éstos reciben agua de la lluvia.

<u>Encima de la superficie terrestre está la atmósfera, una gruesa capa de gases.</u> La atmósfera contiene oxígeno, que las personas y los animales necesitan para respirar. También tiene el gas que las plantas necesitan.

La superficie de tierra del planeta se presenta en varias formas y tamaños. Montañas, volcanes, colinas, mesetas y llanuras son accidentes geográficos en la parte superior de la corteza. Las montañas se elevan a más de 2,000 pies (610 metros) arriba del nivel del mar. Un volcán es un tipo de montaña. Las colinas son más bajas y menos abruptas que las montañas. Una meseta es un área grande, llana en su mayor parte, que se eleva encima del terreno que la rodea. Las llanuras son grandes áreas de terreno llano o suavemente ondulado.

Fuerzas del interior de la Tierra

El extremo calor de las profundidades del interior de la Tierra está cambiando siempre la apariencia del planeta en la superficie. Hace que se suban rocas hacia la superficie. Las corrientes de magma caliente empujan la corteza terrestre hacia arriba y forman volcanes. Los volcanes expulsan roca fundida, o lava, del interior de la Tierra.

Términos clave

núcleo *s.* esfera de metal muy caliente que se halla en el centro de la Tierra

manto *s.* gruesa capa que rodea al núcleo de la Tierra

corteza *s.* capa rocosa fina de la superficie terrestre

magma *s.* roca blanda casi fundida

✓ Verifica tu lectura

¿Cuál es la capa de la Tierra que contiene todos sus accidentes geográficos?

____

____

____

Objetivo de la destreza de lectura

Si no sabes lo que significa la palabra *atmósfera*, advierte que la frase del enunciado subrayado va seguida de una definición. ¿Qué significa *atmósfera*?

____

____

Las corrientes de magma caliente también pueden
35 empujar y separar la corteza a lo largo de aberturas llamadas grietas. Estas grietas separan bloques enormes de
corteza llamados placas. Una placa puede incluir continentes o partes de continentes, y parte del lecho marino.

A veces, donde se encuentran dos placas, la roca fundida
40 estalla hacia la superficie a través de un volcán. Un buen
ejemplo de esto es el Círculo de Fuego. Es una cadena de
volcanes cerca de las placas que forman el océano Pacífico.
También se forman volcanes en otros lugares.

Cuando dos placas empujan al mismo tiempo, la corteza
45 se fractura y se astilla. Estas fracturas se llaman fallas.
Cuando los bloques de corteza se frotan unos contra otros a
lo largo de fallas, liberan energía en forma de terremotos.

Ahora los científicos saben que las fuerzas del interior de
la Tierra son bastante poderosas para mover continentes.
50 Saben que en algún tiempo los continentes estaban juntos.
El magma desplaza las placas y los continentes. ✔

Fuerzas de la superficie terrestre

Las fuerzas del interior de la Tierra forman poco a poco la
corteza terrestre. Pero hay dos fuerzas que desgastan lentamente la superficie. El intemperismo es una fuerza. El agua,
el hielo y seres vivos como los líquenes de las rocas poco a
poco fragmentan las rocas en pequeños pedazos. El intemperismo contribuye a formar suelo. El suelo se compone de
diminutos fragmentos de roca mezclados con materia animal y vegetal en descomposición.

60 La erosión también da nueva forma a la superficie
terrestre y los accidentes geográficos. El agua y el viento
arrastran el suelo corriente abajo o en la dirección del viento
para crear nuevos accidentes geográficos. Las llanuras suelen formarse a partir del suelo arrastrado por los ríos. ✔

Preguntas de repaso

1. ¿Cuáles son las tres capas principales de la Tierra?

____

____

2. ¿En qué difiere la erosión del intemperismo?

____

____

Términos clave

placa *s.* bloque enorme de corteza terrestre
intemperismo *s.* proceso que disgrega las rocas en fragmentos
erosión *s.* extracción de pequeños fragmentos de roca por la
acción del agua, el hielo o el viento

¿Tiempo o clima?

¹ ¿Ves cómo está el tiempo antes de prepararte para ir a la escuela? La mayoría de las personas necesita conocer el **tiempo atmosférico** antes de vestirse. Necesitan conocer dos cosas. La primera es la temperatura, y la segunda, la ⁵ precipitación. La **temperatura** es lo caliente o frío que está el aire. La **precipitación** es el agua que cae al suelo en forma de lluvia, aguanieve, granizo o nieve. El tiempo atmosférico no es lo mismo que el clima. El tiempo es lo que la gente siente día con día. El **clima** es el tiempo ¹⁰ medio año con año. ☑

Por qué varían los climas

La Tierra tiene muchos climas. Algunos de ellos son tan calurosos que las personas usan casi siempre ropa veraniega. En algunos climas, hay nieve en el suelo la mayor parte del año. El clima depende de la ubicación. Los ¹⁵ lugares situados en latitudes bajas (en los trópicos) tienen climas calurosos. Esto se debe a que están más cerca del ecuador y reciben luz solar directa. Los lugares de latitudes altas (regiones polares) tienen climas fríos porque su luz solar es indirecta. ☑

²⁰ El aire y el agua distribuyen el calor por toda la Tierra al desplazarse. Sin viento y sin agua, los lugares de los trópicos se calentarían en exceso. Los océanos tardan más tiempo en calentarse o enfriarse que la tierra. Esto causa que las tierras próximas a los océanos tengan ²⁵ temperaturas moderadas.

Océanos y climas

<u>Una corriente marina es como un río enorme en el océano.</u> Las corrientes marinas recorren grandes distancias. Las corrientes son ríos enormes de agua cálida o fría. Por lo general, el agua cálida se aleja del ecuador. El ³⁰ agua fría fluye hacia el ecuador.

Términos clave

tiempo atmosférico *s.* condiciones del aire y del cielo día con día

temperatura *s.* lo caliente o frío que está el aire

precipitación *s.* agua que cae al suelo en forma de lluvia, aguanieve, granizo o nieve

clima *s.* tiempo atmosférico medio a lo largo de muchos años

---

✓ Verifica tu lectura

¿Cuál es la diferencia entre el clima y el tiempo atmosférico?

____

____

____

✓ Verifica tu lectura

¿En dónde es más frío el clima: en las latitudes altas o en las bajas? ¿Por qué?

____

____

____

⟳ Objetivo de la destreza de lectura

Si no sabes qué son las corrientes marinas, fíjate que se les compara con enormes ríos en el océano. ¿Cómo te ayuda esta comparación a hallar el significado?

____

____

____

Las corrientes marinas contribuyen a moderar el clima. Una corriente cálida puede hacer más cálido un lugar frío. Una corriente fría puede hacer más frío un lugar cálido. La cálida Corriente del Golfo proporciona a Europa Occidental un clima más templado que el que tendría si la corriente no estuviera cerca. De igual modo, la fría Corriente de Perú conserva Antofagasta, Chile, más fría de lo que sería en otras circunstancias.

Los océanos y los lagos también influyen en el clima de otras formas. El agua tarda más en calentarse o enfriarse que la tierra. En verano, el viento que sopla sobre el agua enfría las tierras cercanas. En invierno, el agua contribuye a mantener las tierras próximas a la costa más cálidas que las tierras interiores. ☑

Tormentas furiosas

El viento y el agua pueden moderar los climas. También pueden crear tormentas peligrosas. Los ciclones tropicales son un buen ejemplo. Las tormentas similares que se forman sobre el océano Atlántico reciben habitualmente el nombre de huracanes. Sus vientos alcanzan velocidades de más de 100 millas (160 kilómetros) por hora. Los huracanes empujan cantidades enormes de agua hacia tierra, destruyendo viviendas y poblaciones.

Los tornados son como embudos de viento, y alcanzan 200 millas (320 kilómetros) por hora. Los vientos arremolinados destruyen casi todo a su paso. Son tan peligrosos como los huracanes, pero afectan áreas mucho más pequeñas. ☑

Otras tormentas son menos peligrosas. En invierno, las ventiscas depositan nieve en partes de América del Norte. En primavera y verano se producen tormentas de lluvia y tormentas eléctricas.

Preguntas de repaso

1. ¿Qué clima tienen los lugares cercanos al ecuador?

____

____

2. ¿Cómo influye el océano en la temperatura de las tierras cercanas a él?

____

____

Término clave

ciclón tropical *s.* viento intenso y tormenta de lluvia que se forma sobre los océanos en los trópicos

En el párrafo entre corchete se usa una frase señal para hacer una comparación. Halla la frase y enciérrala en un círculo. ¿Qué se compara en este caso?

____

____

✓ Verifica tu lectura

Durante el verano, ¿son los lugares próximos al océano más calurosos o más fríos que los lugares tierra adentro?

____

____

✓ Verifica tu lectura

¿Cuáles tormentas abarcan áreas más grandes: los huracanes o los tornados?

____

____

Clima y vegetación

1 Los cinco tipos principales de clima son: tropical, seco, templado oceánico, templado continental y polar. Cada clima tiene sus propios tipos de vegetación natural. Esto se debe a que las diversas plantas necesitan diferentes 5 cantidades de agua y luz solar y distintas temperaturas para vivir. ☑

¡Seguramente adivinas que un **clima tropical** es caluroso! Algunos climas tropicales también reciben lluvia todo el año. En este clima encontrarías un bosque 10 tropical. Otros climas tropicales reciben menos lluvia. En esos climas hay más pastos y menos árboles.

Los **climas secos** tienen veranos muy calurosos e inviernos templados. Debido a que los climas secos reciben poca lluvia, crecen pocas plantas en ellos. Los climas semisecos reciben lluvia que favorece el crecimiento de matorrales, que incluye arbustos y árboles pequeños.

Los climas templados marinos suelen hallarse cerca de un litoral. Hay tres tipos: mediterráneo, oceánico de fachada occidental y subtropical húmedo. Todos ellos 20 tienen inviernos templados. Los climas oceánico de fachada occidental y subtropical húmedo reciben abundantes lluvias. Los climas mediterráneos reciben menos lluvia y tienen vegetación mediterránea.

En los **climas templados continentales** los veranos 25 pueden ser calurosos, pero los inviernos son muy fríos. En estos climas crecen pastizales y bosques.

Los **climas polares** son siempre fríos. Ahí, los veranos son cortos y frescos. Los inviernos son largos y muy fríos. En los climas polares se encuentra la **tundra** y los cas- 30 quetes polares.

Regiones de vegetación de la Tierra

La vegetación depende del clima. Pero hay otras cosas, como el suelo, que también influyen en la vegetación. Los geógrafos han agrupado la vegetación en varias regiones. Aquí estudiaremos sólo unas pocas de ellas.

✓ Verifica tu lectura

¿Por qué cada clima tiene su propio tipo de vegetación?

____

____

____

Estrategia de vocabulario

En el párrafo entre corchete se usa una palabra señal para mostrar causa y efecto. Halla la palabra señal y enciérrala en un círculo. Luego, escribe la causa y el efecto en seguida.

Causa: _______________

Efecto: _______________

Términos clave

vegetación *s.* plantas que crecen en una región

tundra *s.* región de clima frío y vegetación baja

35   **Bosque tropical** La abundante luz solar, el calor y la lluvia favorecen el crecimiento de miles de plantas. Los árboles crecen tan alto y tan próximos unos de otros que forman una **bóveda arbórea** a gran altura. En la sombra crecen plantas más pequeñas.

40   **Sabana tropical** Ciertas regiones tropicales reciben menos lluvia. Tienen un paisaje de pastizales y árboles dispersos conocido como **sabana**.

   Matorral desértico Algunas regiones muy secas tienen lluvia suficiente para sustentar el crecimiento ve-
45 getal conocido como **matorral desértico**. ☑

   Bosque caducifolio Diversos climas sustentan el crecimiento de bosques de **árboles caducifolios**. Muchas personas disfrutan al contemplar los cambiantes colores de las hojas en el otoño.

   Bosque de coníferas Árboles con agujas en vez de hojas crecen en climas un poco más secos que los que necesitan los árboles frondosos. Las **coníferas** deben su nombre a los conos que producen.

Zonas climáticas verticales

Las montañas tienen zonas climáticas verticales. Esto sig-
55 nifica que el clima y la vegetación dependen de la altura de la montaña. Las plantas que necesitan un clima tropical crecen cerca del pie de una montaña. Más arriba se encuentran plantas que crecen en climas templados. Cerca de la cumbre sólo se hallan plantas que crecen en un clima polar. ☑

Preguntas de repaso

1. ¿Cuáles son los cinco tipos principales de climas?

____

____

2. ¿Qué accidente geográfico tiene una zona climática vertical?

____

____

Términos clave

bóveda arbórea *s.* capa formada por las ramas más altas de un bosque tropical

sabana *s.* combinación de pastizales y árboles dispersos, parecida a un parque

matorral desértico *s.* plantas del desierto que necesitan poca agua

árboles caducifolios *s.* árboles que pierden sus hojas en determinadas estaciones

coníferas *s.* árboles que producen conos con semillas

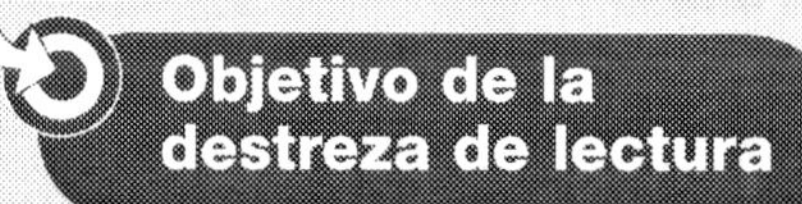

Objetivo de la destreza de lectura

Subraya las palabras en el párrafo entre corchete que te ayuden a comprender el significado del término *bosque de coníferas*. Luego, completa el enunciado siguiente:

Los árboles de los bosques de coníferas tienen

_______________________________________.

¿Qué significa la palabra conífera? ¿Cuáles claves de contexto te ayudaron a comprender su significado? Escribe las claves de contexto en los renglones siguientes.

____

____

✓ Verifica tu lectura

¿Qué tipos de vegetación crecen en los desiertos?

____

____

____

✓ Verifica tu lectura

¿Cómo cambia la vegetación con la altitud?

____

____

____

1. Cuando en el hemisferio norte es verano, en el hemisferio sur es
_______________________.
   A. verano
   B. invierno
   C. primavera
   D. otoño

2. Las capas de la Tierra incluyen
   A. núcleo, agua, corteza.
   B. volcanes, montañas, mesetas.
   C. lava, magma, placas.
   D. núcleo, manto, corteza.

3. El intemperismo es producido por
   A. agua.
   B. hielo.
   C. líquenes.
   D. todos los anteriores

4. ¿Cuáles de los factores siguientes influyen en el clima?
   A. latitud
   B. longitud
   C. el primer meridiano
   D. tornados

5. ¿En qué región de vegetación encontrarías árboles que pierden sus
   hojas en ciertas estaciones?
   A. bosque tropical
   B. bosque de coníferas
   C. bosque caducifolio
   D. tundra

Pregunta de respuesta corta

¿Por qué algunas ciudades costeras de los trópicos se conservan frescas?

____

____

____

____

____

Distribución de la población

1 La forma en que se halla extendida la población de la Tierra se conoce como distribución de la población. Los seres humanos tienden a vivir en agrupamientos desiguales en la superficie terrestre. La demografía intenta explicar por qué 5 las poblaciones cambian y por qué la distribución de la población es <u>desigual.</u>

Por lo regular, las personas no se mudan sin una buena razón. En tanto la gente pueda ganarse la vida donde está, <u>habitualmente</u> permanece ahí. Esto significa que las regiones 10 con grandes poblaciones tienden a conservarlas.

En el pasado, la mayoría de las personas vivían en fincas agrícolas donde cultivaban sus alimentos. En consecuencia, vivía más gente en los lugares con climas favorables para los cultivos. Las cosas cambiaron a partir de alrededor de 1800. 15 Los ferrocarriles y los barcos de vapor facilitaron <u>considera-blemente</u> recorrer grandes distancias. La gente se mudaba a las ciudades para trabajar en fábricas y oficinas, en lugar de dedicarse a la agricultura. ✓

Densidad de población

¿Cómo saber qué tan populoso es en efecto un lugar? 20 Averigua cuántas personas viven en un área. Luego divide ese número entre las millas cuadradas o los kilómetros cuadrados del área. Esto te da la densidad de población. Recuerda que la distribución de la población te indica el número real de habitantes de un área. La densidad de 25 población te dice el número promedio de habitantes de un área.

Algunos lugares son más populosos, esto es, tienen una densidad de población mayor que otras. Por ejemplo, Japón tiene una alta densidad de población, en tanto que Canadá 30 tiene una baja densidad de población. ✓

Términos clave

población s. número total de habitantes de un área

distribución de la población s. forma en que está extendida la población de un área

demografía s. ciencia que estudia la distribución de la población y sus cambios

densidad de población s. número promedio de habitantes por por milla cuadrada o kilómetro cuadrado

---

✓ Verifica tu lectura

¿Cuál fue la causa de que las personas se mudaran a las ciudades a partir del siglo XIX?

____

____

____

Objetivo de la destreza de lectura

¿Cuál es la diferencia entre la densidad de población y la distribución de la población?

____

____

____

✓ Verifica tu lectura

¿Qué país tiene una densidad más alta, Japón o Canadá? ¿Cómo lo sabes?

____

____

____

Crecimiento demográfico

Durante miles de años, la población mundial creció con lentitud. Los alimentos escaseaban. Las personas vivían sin agua limpia ni eliminación de desechos. Miles morían de enfermedades. Aunque el índice de natalidad era elevado, también lo era el índice de mortalidad. La expectativa de vida, o duración media de la vida de las personas, era breve.

Hoy en día los índices de mortalidad han descendido de manera notable. En algunos países los índices de natalidad han aumentado. En consecuencia, las poblaciones han crecido con gran rapidez. Al mismo tiempo, las personas viven más tiempo que nunca. El progreso científico fue en gran medida la causa de este cambio. Consulta el siguiente gráfico para aprender más al respecto. ☑

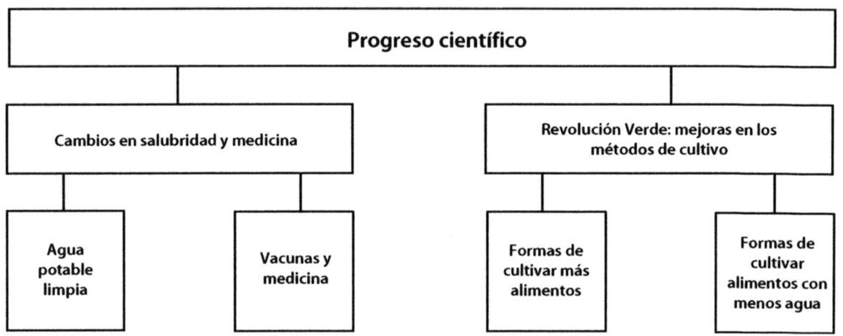

Los habitantes de muchos países todavía enfrentan grandes problemas. Algunas naciones no tienen suficiente agua dulce. En partes de Asia y de África, la población crece con más rapidez que la provisión de alimentos.

El crecimiento demográfico puede deteriorar la forma de vivir de las personas. Hay escasez de trabajo, de escuelas y de vivienda. Los servicios públicos, como el transporte y las condiciones de salubridad, son inadecuados. Los bosques están desapareciendo. Esto provoca aún más problemas.

Preguntas de repaso

1. ¿Cómo ha aumentado la Revolución Verde la población?

____

____

2. Enumera los problemas que provoca el crecimiento demográfico.

____

____

✓ **Verifica tu lectura**

¿Por qué han aumentado con gran rapidez las poblaciones en años recientes?

____

____

¿Por qué emigra la gente?

1 Durante miles de años las personas se han mudado a lugares nuevos. Estos movimientos se llaman migración. Los inmigrantes son las personas que se mudan a un país provenientes de otro.

5 Algunas personas eligen mudarse. Esto se llama migración voluntaria. Hoy en día, la mayoría de las personas se mudan por decisión propia. La teoría de impulso y atracción explica la migración voluntaria. Afirma que las dificultades "impulsan" a las personas a partir. Al mismo 10 tiempo, la esperanza de una vida mejor las "atrae" hacia un nuevo país. ☑

El siguiente es un ejemplo de la teoría de impulso y atracción. Hace muchos años, 1.5 millones de personas partieron de Irlanda hacia Estados Unidos. Una enfermedad 15 había destruido el cultivo principal de Irlanda: la patata. El hambre impulsó a la gente a emigrar. Las oportunidades de empleo atrajeron a las familias irlandesas a Estados Unidos.

Hoy en día las principales fuentes de emigración son los países donde hay muchas personas pobres o escasea el tra-20 bajo. A veces, las guerras han hecho la vida peligrosa y difícil. Asimismo, algunos gobiernos limitan la libertad de las personas. Estos problemas impulsan a la gente a partir. Son atraídos por la posibilidad de tener un buen empleo o libertad política.

25 A veces la gente es forzada a mudarse. Esto se conoce como migración involuntaria. En el siglo XIX los británicos enviaron prisioneros a Australia a cumplir sus sentencias. La guerra también obliga a la gente a emigrar para escapar de la muerte o el peligro.

30 La migración involuntaria más grande fue quizá el comercio de esclavos. Del siglo XVI al siglo XIX, millones de africanos fueron esclavizados y llevados a las colonias europeas de América del Norte y del Sur.

Términos clave

migración s. desplazamiento de personas de un lugar o región a otro
inmigrantes s. personas que se mudan a un país provenientes de otro

---

✓ Verifica tu lectura

¿Por qué emigran las personas?

____

____

____

____

Objetivo de la destreza de lectura

¿En qué difiere la migración involuntaria de la migración voluntaria?

____

____

____

____

Urbanización

Millones de personas de muchos países se han mudado de granjas y pequeñas aldeas a las ciudades. En consecuencia, algunas ciudades han crecido <u>enormemente</u> en años recientes. El desplazamiento de la gente a las ciudades y el crecimiento de éstas se llama urbanización.

En Europa y en América del Norte el crecimiento de la industria creó empleos. La gente se mudó a las ciudades para trabajar en fábricas y oficinas. Hoy en día, los habitantes de Europa y de América del Norte se están mudando de las ciudades a los suburbios. Casi todos los habitantes de los suburbios dependen de sus autos para <u>transportarse</u>. Más autos significan mayor contaminación. Pero la gente continúa mudándose a los suburbios a fin de tener casa propia.

En Asia, África y América Latina la gente continúa mudándose del campo a ciudades en crecimiento. Un ejemplo es Indonesia. En el pasado, la gente vivía en zonas <u>rurales</u>. En tiempos recientes un número muy grande de indonesios se ha mudado a zonas <u>urbanas</u>. La capital ha crecido de 3.9 millones de habitantes a 11 millones en treinta años. ☑

Con frecuencia, un número excesivo de personas se mudan a la ciudad con demasiada rapidez. Las ciudades son incapaces de proveer las cosas que la gente necesita. Hay escasez de vivienda, empleo, escuelas y hospitales.

Así pues, ¿por qué se muda la gente a las grandes ciudades? Pese a lo difícil que es la vida en las ciudades, puede ser aún más difícil en el campo. A menudo, los empleos son pocos y no hay suficientes tierras de cultivo. Casi todos los inmigrantes que se trasladan a la ciudad buscan una vida mejor para su familia.

Preguntas de repaso

1. Nombra un factor de impulso y un factor de atracción.

____

____

2. ¿Qué es la urbanización?

____

____

Términos clave

urbanización *s.* desplazamiento de personas a las ciudades y crecimiento de éstas provenientes de otro

rural *adj.* perteneciente al campo

urbano *adj.* perteneciente a las ciudades y pueblos

Diferentes clases de economías

1 Las economías difieren de un país a otro. Sin embargo, en toda economía hay **productores**, que son los dueños y los trabajadores que hacen productos, y **consumidores** que compran y usan los productos.

5 Por lo regular, el dueño del lugar de trabajo decide cómo y qué cosas se harán. Pero, ¿quiénes son los dueños? En algunos países, el lugar de trabajo pertenece a ciudadanos privados. Este sistema económico se llama **capitalismo**. En otros, el gobierno es dueño de casi todos 10 los lugares de trabajo. Esto se llama **comunismo**.

Al capitalismo también se le llama economía de libre mercado. Los productores compiten libremente por el trato con los consumidores. Las personas ahorran dinero en los bancos e invierten dinero en un negocio.

15 Bajo el comunismo, el gobierno regula los precios de bienes y servicios, qué cosas se hacen y cuánto se paga a los trabajadores. Hoy en día, sólo unos pocos países practican el comunismo. ✔

En algunos países el gobierno es dueño de algunas 20 industrias, en tanto que otras pertenecen a propietarios privados. A este sistema se le llama a veces economía mixta.

Niveles de desarrollo económico

Hace trescientos años, casi todo el mundo trabajaba con las manos. Luego se inventaron máquinas para hacer productos. Se usó entonces energía en vez de personas y 25 animales para hacer funcionar las máquinas. Esto era una nueva forma de tecnología. La tecnología es una forma de dar una aplicación práctica al conocimiento. Este cambio en la forma en que las personas hacían productos se llamó Revolución Industrial.

Términos clave

economía *s.* sistema en el que las personas hacen, intercambian y usan cosas que tienen valor

productores *s.* dueños y trabajadores

consumidores *s.* personas que compran y usan productos

capitalismo *s.* sistema económico en el que casi todas las empresas pertenecen a individuos

comunismo *s.* sistema económico en el que el gobierno central es dueño de casi todas las empresas

---

Objetivo de la destreza de lectura

Haz una comparación entre productores y consumidores. ¿Cuáles son sus diferencias?

____

____

____

✓ Verifica tu lectura

¿Cuáles son dos diferencias entre el capitalismo y el comunismo?

1. ___________________

____

2. ___________________

____

30 La Revolución Industrial dividió al mundo en **países desarrollados** y **países en vías de desarrollo**. Las personas viven de forma diferente en los dos tipos de países. Los países desarrollados tienen más industrias y un alto nivel de tecnología. Los países en vías de desarrollo 35 tienen menos industrias y una tecnología más simple. ☑

En los países desarrollados vive sólo una quinta parte de los habitantes del mundo. Estos países incluyen Estados Unidos, Canadá, Japón y la mayor parte de Europa. En estos países la mayoría vive en pueblos y ciu- 40 dades, y trabaja en oficinas y fábricas. Casi todos disponen de suficiente alimento, agua, educación y asistencia médica. Los países desarrollados tienen algunos problemas. Dos de ellos son el desempleo y la contaminación.

La mayoría de los habitantes del mundo viven en paí- 45 ses en vías de desarrollo. Estos países se encuentran principalmente en África, Asia y América Latina. La mayoría de las personas cultivan sólo el alimento suficiente para ellas mismas. Personas y animales hacen casi todo el trabajo. Existen muchos problemas en estos países, como 50 enfermedades, escasez de alimentos y agitación política.

Distribución del comercio mundial

Los diferentes países tienen diversas fortalezas económicas. Los países realizan <u>intercambios</u> comerciales para obtener las cosas que desean y necesitan.

Los países han llegado a depender unos de otros. Las 55 naciones en vías de desarrollo tienden a vender alimentos, recursos naturales y productos industriales simples. A cambio, adquieren bienes de alta tecnología de los países desarrollados.

Preguntas de repaso

1. ¿Cómo alteró la Revolución Industrial el modo como la gente hacía las cosas?

____

____

2. ¿Cómo dependen los países unos de otros?

____

____

Términos clave

países desarrollados *s.* países con muchas industrias y tecnología avanzada

países en vías de desarrollo *s.* países con pocas industrias y tecnología simple

---

✓ Verifica tu lectura

¿Cuál es la diferencia entre los países desarrollados y los países en vías de desarrollo?

____

____

____

Estrategia de vocabulario

La palabra *intercambio* es una palabra compuesta. ¿Cuáles son las dos palabras raíz de *intercambio* y qué significa cada una de ellas?

1. __________________________________

____

2. __________________________________

____

Usa los significados anteriores para comprender el significado de intercambio. Escribe una definición de intercambio en los renglones que siguen.

Intercambio significa:

____

____

Tipos de estados

1 Cuando la gente vivía en grupos pequeños, todos los adultos tomaban parte en las decisiones del grupo. Hoy en día, las naciones son demasiado grandes para que todos participen en todas las decisiones. Pero no ha dejado de ser
5 necesario que sean capaces de proteger a las personas. Necesitan poder resolver problemas. Es por ello que tenemos **gobiernos**.

Un **estado** es una región que comparte un gobierno. De Estados Unidos en su totalidad también se puede
10 decir que es un estado. La razón es que es una región que comparte un gobierno federal.

Existen cuatro clases de estados. Algunas regiones son **dependencias**, pertenecen a otro estado. Otras, como Estados Unidos, son **estados-nación**, a los que se suele llamar simplemente naciones. Todo lugar del mundo en el que habitan personas es un estado-nación o una dependencia.

Los primeros estados se formaron en el sudoeste asiático hace más de 5,000 años. Las ciudades primitivas
20 establecieron gobiernos llamados **ciudades-estado**. Más tarde, dirigentes militares conquistaron varios países y los gobernaron en calidad de **imperios**. ✓

Tipos de gobierno

Cada estado tiene un gobierno. Hay muchos tipos de gobierno. Algunos están bajo el control de una persona.
25 Otros son controlados por todas las personas.

Los gobiernos de la antigüedad eran simples. Las personas vivían en grupos pequeños, y practicaban la **democracia directa**. Todos los adultos tomaban parte en las decisiones. Con el tiempo, las comunidades se
30 unieron para formar grupos tribales más grandes. Los miembros de la tribu tenían voz en las decisiones del grupo. Pero, bajo el **gobierno tribal**, los jefes o los ancianos tomaban la decisión final.

Términos clave

gobierno *s.* cuerpo que formula leyes
estado *s.* región que comparte un gobierno
dependencia *s.* región que pertenece a otro estado
estado-nación *s.* estado que es independiente de otros estados
ciudad-estado *s.* estado pequeño centrado en una ciudad
imperio *s.* estado que contiene varios países

Objetivo de la destreza de lectura

La segunda oración del párrafo entre corchete comienza con la palabra *Algunas*. La tercera oración comienza con *Otras*. Estas palabras señalan que se hará un contraste. ¿Qué contraste se hace en este caso?

____

____

✓ Verifica tu lectura

Nombra cuatro tipos de estado.

1. __________________________

2. __________________________

3. __________________________

4. __________________________

Estrategia de vocabulario

Las palabras que siguen aparecen en las secciones "Tipos de gobierno" y "Organizaciones internacionales". Cada una contiene una raíz que ha sufrido un cambio de grafía antes de agregar la terminación. Escribe las raíces completas en los renglones que siguen.

1. antigüedad __________________

2. dictador __________________

3. alianza __________________

4. organización __________________

Hasta hace unos 200 años, la **monarquía absoluta** era una de las formas de gobierno más comunes. En ese sistema, los reyes o reinas tienen un control total. Hoy en día, hay otros países en los que gobierna una sola persona. El dirigente no es un rey ni una reina, sino un **dictador.** Los dictadores tienen control total sobre un país. Una **oligarquía** es un gobierno controlado por un grupo pequeño de personas. El grupo puede ser los dirigentes de un partido político, un grupo de oficiales militares o incluso un grupo de dirigentes religiosos. En las oligarquías y dictaduras, las personas ordinarias participan muy poco en las decisiones. ✔

Hoy en día, casi todas las monarquías son **monarquías constitucionales.** El poder del rey o reina está limitado por la ley. Estas naciones tienen constituciones que definen el poder del gobierno. Las **democracias representativas** son gobiernos en los que las personas eligen representantes que hacen leyes. Si a la gente no le gusta lo que un representante hace, puede negarse a reelegir a esa persona.

Organizaciones internacionales

Las naciones pueden ponerse de acuerdo para colaborar en una alianza. A los miembros de una alianza se les llama aliados. En algunas alianzas, los miembros acuerdan protegerse unos a otros en caso de un ataque. Otras alianzas, como la Unión Europea, son de carácter principalmente económico.

Las Naciones Unidas son una organización internacional que busca resolver problemas y promover la paz. Casi todas las naciones del mundo pertenecen a las Naciones Unidas. Éstas patrocinan otras organizaciones internacionales con propósitos específicos, como el combate del hambre y la promoción del bienestar de los niños. ✔

Preguntas de repaso

1. ¿Cuáles fueron los primeros tipos de estados?

____

____

2. ¿Qué es una alianza?

____

____

Término clave

constitución *s.* conjunto de leyes que definen y en muchos casos limitan el poder de un gobierno

---

✓ Verifica tu lectura

Nombra dos formas de gobierno en las que el dirigente tiene un control total.

1. _______________________

____

2. _______________________

____

✓ Verifica tu lectura

¿Cuál es el propósito de las Naciones Unidas?

____

____

____

1. El número de habitantes por milla cuadrada o por kilómetro cuadrado de una región es su
   A. población.
   B. densidad de población.
   C. distribución de la población.
   D. expectativa de vida.

2. El desplazamiento de personas a otra región en busca de mejores oportunidades de empleo es un ejemplo de
   A. urbanización.
   B. suburbanización.
   C. migración voluntaria.
   D. migración involuntaria.

3. ¿En cuál de los siguientes el gobierno regula los precios de bienes y servicios?
   A. los países desarrollados
   B. los países en vías de desarrollo
   C. el capitalismo
   D. el comunismo

4. En las sociedades más antiguas, la forma de gobierno era la
   A. democracia directa.
   B. democracia representativa.
   C. monarquía absoluta.
   D. monarquía constitucional.

5. Hoy en día, casi todas las monarquías son
   A. monarquías absolutas.
   B. dictaduras.
   C. oligarquías.
   D. monarquías constitucionales.

Pregunta de respuesta corta

¿Qué es la Revolución Verde?

____

____

____

____

____

¿Qué es la cultura?

1 La cultura es la forma de vivir de las personas. Incluye lo que la gente cree y las cosas que hace todos los días. También comprende el idioma que la gente habla y la ropa que usa.

Los padres trasmiten la cultura a sus hijos. Las ideas y las
5 formas de hacer las cosas se llaman rasgos culturales. Por ejemplo, en Estados Unidos comer con tenedor es un rasgo cultural. En Japón, la gente usa palillos.

Algunas partes de la cultura son fáciles de ver; por ejemplo, las casas, los alimentos y la ropa. También son parte de
10 la cultura cosas que no puedes ver ni tocar, como las creencias espirituales, el gobierno y las ideas acerca de lo que es correcto o incorrecto. El idioma es una parte muy importante de la cultura.

Los geógrafos desean saber cómo influye el medio am-
15 biente en la cultura. Japón es un país de islas montañosas, con muy pocas tierras de cultivo. Por tanto, los japoneses recurren al mar para alimentarse. Pero puede ser que un mismo medio ambiente no de origen a la misma cultura. También Grecia está formada por islas montañosas. Los grie-
20 gos comen un poco de pescado, pero aprovechan las laderas de las montañas para obtener alimento. Las cabras y ovejas pastan en ellas y proporcionan alimento a los griegos. ✓

[El paisaje cultural varía de un lugar a otro. En Indonesia, los agricultores han usado tecnología para labrar terrazas en las laderas de los cerros. En las llanuras del norte de la India, los agricultores han formado campos anchos y llanos.]

El desarrollo de la cultura

Los científicos piensan que las culturas primitivas pasaron por cuatro etapas importantes. La primera fue la invención de herramientas. La segunda fue el dominio del fuego. La
30 tercera fue el comienzo de la agricultura. La cuarta fue el desarrollo de civilizaciones.

Términos clave

cultura *s.* forma de vida de un pueblo; incluye sus creencias y prácticas

paisaje cultural *s.* partes del medio ambiente de un pueblo que éste ha moldeado, y la tecnología que ha usado para darle forma

civilización *s.* cultura avanzada con ciudades y un sistema de escritura

---

✓ Verifica tu lectura

Describe cómo influye el medio ambiente en la cultura.

____

____

____

Estrategia de vocabulario

La palabra *paisaje* tiene más de un significado. Quizá ya conoces uno de sus significados. Encierra las palabras del párrafo entre corchete que son claves de contexto de *paisaje*. ¿Cuál es su significado en este contexto?

____

____

____

Los pueblos primitivos eran cazadores y recolectores.
Viajaban de un lugar a otro. Durante sus viajes, recolectaban plantas silvestres, cazaban animales y pescaban.
35 Más tarde aprendieron a cultivar plantas. Domesticaron
animales salvajes para que les ayudaran con el trabajo o
para usarlos como alimento. Al paso del tiempo, la gente
obtenía una porción mayor de sus alimentos de la agricultura. A esto se le llama la Revolución Agrícola.
40   Los agricultores lograban cultivar más alimentos que
los necesarios. Esto significaba que algunas personas
podían trabajar de tiempo completo en oficios como la
metalistería. Intercambiaban las cosas que hacían por alimentos. La gente creó leyes y gobiernos. Para llevar la
45 cuenta de las cosas idearon la escritura. En conjunto, todos
estos sucesos formaron las primeras civilizaciones. Esto
ocurrió hace alrededor de 5,000 años. ☑
    Con el tiempo, la agricultura y la civilización se exten-
dieron por todo el mundo. Después, hace unos 200 años,
50 se inventó la maquinaria movida por energía. Con esto
comenzó la Revolución Industrial, la cual dio origen al
crecimiento de las ciudades, la ciencia y las tecnologías
muy avanzadas.
    Antes de la Revolución Agrícola los seres humanos
55 tenían **instituciones** simples. Éstas eran las familias
extendidas e instituciones políticas simples, como los
consejos de ancianos. A medida que la gente se congrega-
ba en grupos más grandes, necesitaba instituciones más
complejas. Se crearon religiones. Los estados necesitaban
60 escuelas, ejércitos y gobiernos. Hoy en día tenemos instituciones de muchos tipos. Ellas nos ayudan a organizar
nuestra cultura.

Preguntas de repaso

1. Enumera los sucesos que dieron origen a las primeras
civilizaciones.

____

____

2. Menciona dos acontecimientos de la Revolución
Agrícola.

____

____

Término clave

institución *s.* costumbre u organización con fines sociales,
educativos o religiosos

Cómo se organiza la sociedad

Un grupo de personas que comparten una cultura constituyen una **sociedad**. Una sociedad puede ser tan pequeña como una sola comunidad. O tan grande como una nación. Incluso puede ser un grupo de naciones. Toda sociedad tiene una **estructura social**. Los grupos más pequeños de una sociedad trabajan en colaboración. Por ejemplo, los maestros, médicos y agricultores son parte de la estructura social. La estructura social ayuda a las personas a colaborar para satisfacer necesidades básicas.

La familia es la parte básica y más importante de toda sociedad. Las familias enseñan las costumbres y tradiciones de la cultura a sus hijos. ✔

La sociedad también se organiza en **clases sociales**. El lugar de una persona en la sociedad puede provenir de su riqueza, tierras, antepasados o educación. En el pasado solía ser difícil que las personas pasaran de una clase social a otra. Hoy en día, los miembros de muchas sociedades pueden mejorar su posición en la sociedad. Pueden obtener una buena educación, ganar más dinero o casarse con alguien de una clase más alta.

En algunas culturas, la gente piensa que la familia se compone de una madre, un padre e hijos. La **familia nuclear** es común en Estados Unidos.

Otras culturas tienen **familias extendidas**. Además de los padres y los hijos, están las esposas y maridos de los hijos. También incluye los hijos de los hijos. En las familias extendidas las personas de edad avanzada suelen ayudar en el cuidado de los hijos. Gozan de respeto por sus conocimientos y experiencia, y trasmiten las tradiciones. Las familias extendidas no son tan comunes como en otros tiempos. A medida que la gente se muda a las ciudades, las familias nucleares son cada vez más comunes.

Verifica tu lectura

¿Cuál es la parte más importante de cualquier sociedad?

____

____

Objetivo de la destreza de lectura

En el pasado, era difícil que las personas pasaran de una clase social a otra. Lee el párrafo entre corchete para averiguar si eso ha cambiado. ¿Ha cambiado? ¿Cómo?

____

____

____

Términos clave

sociedad *s.* grupo de personas que comparten una cultura
estructura social *s.* patrón de relaciones organizadas entre grupos de personas dentro de una sociedad
clase social *s.* agrupamiento de personas con base en su rango o posición social
familia nuclear *s.* una madre, un padre y sus hijos
familia extendida *s.* familia que incluye varias generaciones

Idioma

Todas las culturas tienen un idioma. Las culturas dependen del idioma. Las personas aprenden su cultura por
35 medio del idioma. ✓

El idioma describe las cosas que son importantes para
esa cultura. Por ejemplo, el inglés tiene palabras que
expresan creencias cristianas y judías. Otros idiomas no
tienen palabras para expresar estas creencias porque sus
40 hablantes no son cristianos ni judíos. Pero sí tienen palabras que expresan las creencias de su religión.

En algunos países la gente habla más de un idioma.
Canadá tiene dos idiomas oficiales: inglés y francés. En
Estados Unidos escuchas habitualmente inglés, pero tam-
45 bién puedes escuchar español, chino y otros idiomas. La
India tiene 16 idiomas oficiales, ¡pero hay quien afirma
que se hablan más de 800 idiomas!

Un país puede tener más de una cultura cuando sus
habitantes hablan distintos idiomas. Esto se debe a que
50 pueden tener festivales o costumbres diferentes. Hablan
acerca de cosas diferentes.

Religión

La religión es otra parte importante de toda cultura.
Ayuda a la gente a comprender el mundo. Ofrece consuelo
y esperanza en tiempos difíciles. Ayuda a responder preguntas acerca de la vida y la muerte. Y guía a las personas
en materia de <u>ética</u>, es decir, en cuanto a cómo actuar
respecto a los demás. Es posible que personas de una
misma religión practiquen ésta de forma diferente. ✓

Las creencias religiosas varían. Los miembros de algu-
60 nas religiones creen en un solo Dios. Los miembros de
otras creen en más de un dios. Pero todas las religiones
tienen plegarias y rituales. Todas celebran lugares y
momentos importantes. Todas las religiones esperan que
las personas se traten bien unas a otras y se comporten
65 en forma correcta.

Preguntas de repaso

1. ¿Cuál es la diferencia entre una familia extendida y
una familia nuclear?

2. ¿Qué esperan todas las religiones de las personas?

✓ Verifica tu lectura

¿Por qué es el idioma una parte
importante de la cultura?

Estrategia de vocabulario

¿Qué significa la palabra *ética*?
Consulta el diccionario para comprender el significado de esta
palabra.

✓ Verifica tu lectura

¿Por qué es importante la religión
para las personas?

Cómo cambian las culturas

1 Todas las culturas cambian con el tiempo. Piensa tan sólo en la cultura de los pantalones vaqueros. Se inventaron en Estados Unidos. Al principio, sólo los estadounidenses los usaban, pero hoy en día son populares en todo el mundo. 5 Esta cultura de la ropa cambió.

Las culturas cambian todo el tiempo. La cultura es toda una forma de vivir. Un cambio en una parte altera otras partes. Los cambios en el medio ambiente natural, la tecnología y las ideas influyen en la cultura.

10 Las nuevas tecnologías cambian las culturas. Durante el siglo XIX y principios del XX la industria creció y las fábricas se extendieron. Los estadounidenses se mudaron del campo a las ciudades. Dado que la gente debía caminar para ir al trabajo, tenía que vivir cerca de las fábricas. 15 En consecuencia, las ciudades crecieron.

La invención del automóvil a fines del siglo XIX cambió esta situación. Ya para 1920 muchos estadounidenses tenían auto. La gente podía vivir más lejos de su empleo y conducir para ir al trabajo. La idea de tener una casa con 20 patio ganó aceptación. Esto dio lugar al crecimiento de los suburbios a partir de la segunda mitad del siglo XX. Se inició una nueva cultura basada en el uso del automóvil. ✔

La tecnología ha cambiado la cultura de otras formas. La radio y la televisión llevaron entretenimiento y noticias 25 a los hogares. Hoy en día, la información instantánea es parte de nuestra cultura. Las computadoras cambian la forma y el lugar de trabajo de las personas. Incluso ayudan a la gente a vivir más tiempo. Los médicos utilizan computadoras para tratar a sus pacientes.

El cambio cultural ha persistido desde hace mucho tiempo. El dominio del fuego ayudó a los seres humanos a sobrevivir en climas fríos. Cuando la gente comenzó a cultivar la tierra, pudo permanecer en un solo lugar. Antes de eso, se desplazaba de un lugar a otro en busca de plantas y animales silvestres.

Cómo se difunden las ideas

El avión ha permitido a las personas trasladarse por todo el mundo con más facilidad. Cuando se desplazan, llevan consigo nuevos tipos de ropa y herramientas. También llevan ideas nuevas.

✔ Verifica tu lectura

¿Cómo cambió la cultura la invención del automóvil?

____

____

____

Objetivo de la destreza de lectura

¿Qué te dicen acerca del orden de los acontecimientos las palabras *Antes de eso*, del párrafo entre corchete? Coloca los acontecimientos del párrafo en el orden en el que ocurrieron.

1. ______________________________

2. ______________________________

3. ______________________________

40   Las ideas pueden viajar a nuevos lugares de otros modos. Las personas pueden adquirir algo de otra cultura y aprender a hacerlo por su cuenta. <u>Pueden aprender de otras culturas a través de material escrito.</u> Este movimiento de costumbres e ideas se llama difusión cultural.

45   El béisbol comenzó como un deporte estadounidense, pero hoy en día se juega en todo el mundo. Éste es un ejemplo de difusión cultural. A los japoneses les gusta mucho el béisbol, pero han modificado el juego para adaptarlo a su cultura. Estos cambios son un ejemplo de 50 aculturación. Los estadounidenses valoran la competencia y concentran su atención en el triunfo. Un partido de béisbol no termina hasta que uno de los equipos gana. En Japón, un partido puede terminar en empate. Los japoneses concentran su atención en lo bien que se juega el par-55 tido, no en ganar.

A lo largo de miles de años las culturas cambiaron lentamente. La gente, las ideas y los productos se transportaban a pie, en carreta o en barco. Ahora las cosas van mucho más aprisa. Los faxes y las computadoras envían 60 información de forma casi instantánea. Las revistas y la televisión llevan ideas e información de todo el mundo a cualquier hogar. Cuando las ideas se comunican con rapidez, la cultura cambia rápidamente. ✓

El cambio puede ser provechoso, pero también hace 65 daño. Si las cosas cambian con excesiva rapidez, la gente puede sentir que está perdiendo su cultura. Es difícil recuperar tradiciones que se han perdido. Las personas trabajan para preservar su cultura antes que sea demasiado tarde. Buscan salvar sus tradiciones 70 artísticas, sus creencias religiosas y su sabiduría para las generaciones futuras.

Preguntas de repaso

1. ¿Cómo cambió el automóvil el lugar donde vive la gente?

____

____

2. Menciona dos formas en que las ideas viajan de una cultura a otra.

____

____

Términos clave

difusión cultural s. desplazamiento de costumbres e ideas

aculturación s. proceso de aceptar ideas nuevas y asimilarlas a una cultura

La palabra *material* se usa en el enunciado subrayado. Localízala y enciérrala en un círculo.

____

____

____

¿Por qué hoy en día las ideas se difunden con más rapidez?

____

____

____

1. Las ideas y las formas de hacer las cosas reciben el nombre de
   A.   medio ambiente.
   B.   rasgos culturales.
   C.   paisaje cultural.
   D.   instituciones.

2. ¿Cómo se llama el cambio de la caza y la recolección al cultivo de más alimentos que los necesarios para los agricultores?
   A.   Invención de Herramientas
   B.   Revolución Agrícola
   C.   Desarrollo de Civilizaciones
   D.   Revolución Industrial

3. ¿Cuál es la parte más importante de toda sociedad?
   A.   las clases sociales
   B.   los gobiernos
   C.   la familia
   D.   las naciones

4. La gente aprende su cultura principalmente por medio de
   A.   escuelas.
   B.   el gobierno.
   C.   la religión.
   D.   el idioma.

5. ¿Cuál de los cambios culturales siguientes es consecuencia de la invención del automóvil?
   A.   el crecimiento de los suburbios
   B.   el desplazamiento del campo a las ciudades del país
   C.   la pérdida de tradiciones valiosas
   D.   la aceleración del cambio cultural

Pregunta de respuesta corta

Explica por qué el hecho de que se juegue béisbol en Japón es un ejemplo de aculturación.

____

____

____

____

____

¿Qué son los recursos naturales?

Todo lo que la gente usa se hace con **recursos naturales**. Los recursos naturales son cosas como el agua, los minerales y las plantas.

Las personas usan algunos recursos tal como se encuentran en la naturaleza. El agua dulce es uno de ellos. Pero casi todos los recursos necesitan modificarse antes. Los recursos que es necesario modificar o elaborar se llaman **materias primas**. Por ejemplo, los árboles son la materia prima del papel y la madera.

El mundo está lleno de recursos naturales. Pero no todos los recursos son iguales. Hay dos grupos principales.

Los **recursos renovables** se pueden reponer. Algunos de ellos se reponen de forma natural por el modo como funciona la Tierra. El agua es uno de éstos. La Tierra tiene un abasto constante de agua debido al ciclo del agua.

Ciertos tipos de energía son recursos renovables. La energía solar, por ejemplo, es un recurso renovable. No importa cuánta energía del sol usemos, siempre habrá más. Lo mismo ocurre con la energía geotérmica.

Los seres vivos como las plantas y los animales también son recursos renovables. Con una planificación adecuada, la gente puede tener un abasto constante de recursos vivos. Por ejemplo, las compañías madereras pueden plantar árboles nuevos para reponer los que talaron.

El segundo grupo principal de recursos es el de los **recursos no renovables**. Este grupo incluye casi todas las cosas no vivas, como las menas metálicas, la mayoría de los minerales, el gas natural y el petróleo. Éstos no se pueden reponer. El carbón, el gas natural y el petróleo son combustibles fósiles. Los científicos piensan que se formaron a partir de los restos de seres vivos prehistóricos. Con el tiempo, estos combustibles se agotarán.

Términos clave

recursos naturales *s.* materiales útiles que se hallan en el medio ambiente

materias primas *s.* recursos naturales que es necesario elaborar para que sean útiles

recursos renovables *s.* recursos naturales que se pueden reponer

recursos no renovables *s.* recursos naturales que no se pueden reponer

---

Objetivo de la destreza de lectura

¿Cuál enunciado expresa directamente la idea principal del párrafo entre corchete? Encierra el enunciado en un círculo.

✓ Verifica tu lectura

¿Cuál es la diferencia entre los recursos renovables y los no renovables?

____

____

Sin embargo, es posible reciclar muchos metales, minerales y plásticos. El recurso se puede usar de nuevo. El material no
35 se repone, pero reciclar significa que usaremos menos cantidad del recurso.

Un recurso especial: la energía

Muchos recursos naturales son fuentes de energía. La gente usa la energía de los combustibles fósiles. También usa energía del viento y del sol. Las presas usan la energía del
40 agua que cae para generar energía hidroeléctrica.

Los habitantes de todos los países necesitan energía. Pero los recursos energéticos no están distribuidos por igual en todo el mundo. Algunas regiones tienen muchos recursos energéticos, y otras tienen pocos.

45 Países como Canadá y Arabia Saudita tienen más recursos energéticos de los que necesitan. Venden una parte a otros países. Países como Japón y Estados Unidos no pueden producir toda la energía que consumen. Deben adquirir energía de otros países. ✓

50 La gente usa cada vez más energía. No hay suficientes combustibles fósiles para satisfacer las necesidades de energía en el futuro. Esto significa que las personas tendrán que hallar otros tipos de energía.

He aquí algunas ideas. El viento y la energía solar están disponibles. La energía geotérmica es la energía debida al calor del interior de la Tierra, y es inagotable. La biomasa, o material vegetal, es una fuente de energía renovable.

La energía atómica usa materiales radiactivos. Éstos no son renovables, pero son abundantes. Los materiales radiac-
60 tivos pueden ser peligrosos. Por otra parte, la energía atómica no contamina el aire.

Los combustibles fósiles durarán más tiempo si la gente usa menos energía. Las nuevas tecnologías pueden ayudar. Quizás has visto los autos híbridos, que consumen menos
65 gasolina. Si la gente usa menos energía ahora, habrá más energía en el futuro.

Preguntas de repaso

1. ¿Por qué se consideran los árboles como un recurso renovable?

____

____

2. Menciona dos formas en que la gente use menos energía.

____

____

✓ Verifica tu lectura

¿Por qué algunos países se ven obligados a comprar energía?

____

____

____

Estrategia de vocabulario

La palabra *energía* proviene de una raíz griega que significa *trabajo o actividad*. En el párrafo entre corchete se mencionan varios tipos de energía. Elige uno y redacta un enunciado que describa cómo trabaja para nosotros esa forma de energía.

____

____

____

____

Uso de la tierra y cultura

El uso que las personas dan a sus tierras depende de su cultura. La gente usa la tierra de diferente modo porque las culturas se han desarrollado en **medios ambientes** distintos. Los inuits viven en un clima ártico frío. Hace demasiado frío para cultivar plantas. Los inuits usan sus tierras principalmente para cazar animales salvajes. Los japoneses viven en un clima más húmedo y cálido. Su cultivo principal es el arroz, que se da bien en el clima de Japón.

Incluso en medios ambientes semejantes, la gente puede dar usos diferentes a las tierras, porque tienen rasgos culturales distintos. El clima de Georgia es como el de Japón. Pero los agricultores de Georgia no cultivan arroz, sino que crían pollos y cultivan plantas como el maní. Los japoneses consumen arroz en casi todas sus comidas. Los estadounidenses, comen más carne y mantequilla de maní. ✓

Las culturas alteran los paisajes. Hace miles de años, Europa Occidental estaba cubierta de bosques. Así que las culturas agrícolas comenzaron a extenderse por toda la región. La gente talaba bosques para cultivar las tierras. Hoy en día, las tierras son en su mayor parte campos abiertos y pastos.

Las diversas culturas responden de diferente forma a su medio ambiente. Gran parte de la región occidental de Estados Unidos tiene clima seco. La gente usa tuberías y aspersores para regar los cultivos. El Oriente Medio también tiene clima seco. Pero los agricultores del Oriente Medio usan qanats, o canales de irrigación de ladrillo, para regar sus cultivos. Ambas culturas viven en medios ambientes semejantes, pero hacen las cosas de modo distinto.

Uso de la tierra y actividad económica

Hay tres formas de ganarse la vida. Los geógrafos las han agrupado en tres etapas o niveles.

En la primera etapa, los seres humanos usan la tierra y los recursos directamente para hacer productos. Pueden cazar, cortar madera, explotar yacimientos o pescar. Pueden criar animales o hacer cultivos. La mayor parte de las tierras del mundo se usa para actividades de primer nivel. En los países desarrollados, como Estados Unidos, sólo unas pocas personas se ganan la vida de esta forma. ✓

Término clave

medio ambiente *s.* entorno natural

✓ **Verifica tu lectura**

Aunque el clima de Georgia es bueno para cultivar arroz, los agricultores de Georgia no lo cultivan. ¿Por qué?

____

____

____

Objetivo de la destreza de lectura

Enumera tres detalles del párrafo entre corchete acerca de las actividades de primer nivel.

1. _______________________

____

2. _______________________

____

3. _______________________

____

✓ **Verifica tu lectura**

¿Cómo se usan la mayor parte de las tierras del mundo?

____

____

____

La palabra *automóvil* combina el elemento de vocablo griego *auto* ("por sí mismo") y el elemento de vocablo latino *móvil* ("mover").

Prueba con esto. Si una biografía es la historia de la vida de una persona, entonces, ¿qué es una *autobiografía*?

____

____

____

¿Cómo cambió la colonización europea el paisaje americano?

____

____

____

En la segunda etapa, las personas transforman los productos de las actividades de primer nivel. Por ejemplo, con-
40 vierten árboles en madera, o lana de ovejas en suéteres. Casi todas las actividades de segundo nivel son de **manufactura**. La manufactura es importante en los países desarrollados, especialmente en las ciudades.

Las actividades de tercer nivel se conocen también como
45 servicios. Éstos no producen bienes. Pueden ayudar a entregar o vender productos. Muchas empresas ofrecen servicios. Incluyen médicos, banqueros, mecánicos que reparan <u>automóviles</u> y empleados de oficina. Los servicios se hallan en las ciudades, en particular en los países desarrollados.

Cambios en el uso de la tierra

50 Durante la **colonización**, los recién llegados pueden alterar el paisaje. Si se mudan a una región sin fincas agrícolas, los agricultores construirán fincas agrícolas. Conforme las personas encuentran nuevas formas de ganarse la vida, comienzan a usar las tierras también de formas nuevas.

55 Cultivos como el trigo y las uvas eran desconocidos en América antes de la colonización, al igual que animales como las vacas y los pollos. A su llegada, los europeos desmontaron grandes áreas para sus cultivos y animales. ✓

A partir del siglo XIX, la **industrialización** cambió el
60 paisaje de muchos países. Han crecido ciudades alrededor de las fábricas. A partir de 1900, los suburbios se han extendido. La extensión de las ciudades y suburbios se conoce como expansión descontrolada.

Preguntas de repaso

1. ¿Qué son las actividades de segundo nivel?

____

____

2. ¿En qué difieren las actividades de segundo nivel de las actividades de tercer nivel?

____

____

Términos clave

manufactura *s.* producción de bienes en gran escala a mano o mediante máquinas

colonización *s.* desplazamiento de colonizadores y su cultura a un país nuevo

industrialización *s.* crecimiento de la producción a base de máquinas en una economía

Actividades de primer nivel

En las actividades de primer nivel las personas usan materias primas para obtener alimentos y recursos para vivir. Durante este proceso el medio ambiente cambia. Por ejemplo, los cultivos toman el lugar de las plantas silvestres.

A medida que los países crecen, se ensayan nuevas formas de trabajar la tierra. En las Grandes Llanuras de América del Norte, las tierras que los búfalos recorrían han sido sustituidas por fincas agrícolas. En los Países Bajos, la gente ha drenado tierras pantanosas para crear tierras de labranza secas. La creación de nuevas tierras de labranza destruyó pastizales y tierras pantanosas silvestres. Pero las nuevas tierras han alimentado a millones de personas. ✔

La agricultura, la silvicultura y la pesca proporcionan recursos que los seres humanos necesitan para vivir. Pero a veces dañan el medio ambiente. Se necesita madera para construir casas. Pero talar demasiados árboles puede provocar **deforestación**. Los animales que dependen del bosque también sufren las consecuencias. La deforestación puede originar una pérdida de **biodiversidad**.

Los agricultores usan fertilizantes para sus cultivos. Así se puede alimentar a más personas. Pero la lluvia arrastra las sustancias químicas a las corrientes. Esto daña a los peces y a las personas que comen los peces.

La clave está en hallar un equilibrio. En todo el mundo las personas se esfuerzan por encontrar formas de satisfacer sus necesidades sin dañar el medio ambiente. Una forma es plantar granjas de árboles. O los agricultores pueden usar métodos naturales para hacer sus cultivos. O bien usar sustancias químicas que no dañen las vías fluviales. Los pescadores pueden atrapar los peces más abundantes.

Actividades de segundo y tercer nivel

Al paso de los años la industria, o actividades de segundo nivel, y los servicios, o actividades de tercer nivel, han alterado los desiertos, praderas y bosques. Estas actividades han creado un paisaje de ciudades, fábricas, oficinas, carreteras y centros comerciales.

✔ Verifica tu lectura

Cita un ejemplo de cómo la gente ha creado nuevas tierras de labranza.

____

____

____

Objetivo de la destreza de lectura

En un solo enunciado, expresa de qué tratan todos los detalles del párrafo entre corchete.

____

____

Términos clave

deforestación s. pérdida de cubierta boscosa en una región
biodiversidad s. riqueza de diferentes tipos de seres vivos en una región

Las actividades industriales y de servicio proporcionan la mayoría de los empleos en los países desarrollados. El propósito principal de algunas de estas actividades es modificar el medio ambiente. La **ingeniería civil** construye estruc-

40 turas que cambian el paisaje. Por ejemplo, las presas crean lagos que cubren de agua grandes áreas. Proporcionan agua a las fincas agrícolas y a las ciudades. También protegen regiones de las inundaciones.

Otras actividades industriales y de servicio tienen efectos

45 colaterales en el medio ambiente. Las industrias usan gran cantidad de recursos. Emiten desechos industriales al medio ambiente. Las actividades de servicio demandan la construcción de caminos, líneas telefónicas y cables de alta tensión. ✓

La <u>industria</u> no es la única fuente de **contaminación.**

50 Nuestra propia basura puede contaminar el suelo, el agua o el aire. El escape de autos y camiones provoca contaminación del aire. La contaminación del aire puede producir cambios perjudiciales en nuestro clima.

Trabajando juntas, las personas pueden hallar soluciones

55 a estos problemas. Una es usar autos que consuman menos combustible. Los autos que queman menos combustible crean menos contaminación del aire. Los recursos energéticos renovables contaminan menos que los combustibles fósiles.

Los desechos se pueden reciclar para reducir la cantidad

60 que es necesario quemar o tirar. Con ello también se ahorran recursos naturales. Por ejemplo, el papel se puede reciclar. Así, se cortan menos árboles para hacer papel nuevo.

Hallar formas de resolver los problemas ambientales es uno de los grandes desafíos de nuestro tiempo.

Preguntas de repaso

1. ¿Cómo daña el ambiente la deforestación?

____

____

2. Enumera formas en que las actividades industriales y de servicio alteran los paisajes.

____

____

✓ Verifica tu lectura

¿Cómo influyen las actividades industriales en el medio ambiente?

____

____

Estrategia de vocabulario

La palabra *industria* proviene de la palabra latina *industrius* ("que trabaja duramente"). ¿Qué se quiere decir cuando se afirma que alguien es industrioso?

____

____

Términos clave

ingeniería civil *s.* tecnología para construir estructuras que alteran el paisaje, como presas, caminos y puentes

contaminación *s.* desechos, por lo regular creados por el hombre, que hacen menos limpio el aire, el agua o el suelo

1. Los recursos que es necesario elaborar se llaman
  A. recursos renovables.
  B. recursos no renovables.
  C. materiales reciclables.
  D. materias primas.

2. ¿Cuál de los siguientes recursos es renovable?
  A. agua
  B. mena metálica
  C. gas natural
  D. carbón

3. La manufactura es un ejemplo de
  A. actividad de primer nivel.
  B. actividad de segundo nivel.
  C. actividad de tercer nivel.
  D. todas las anteriores.

4. Talar demasiados árboles puede provocar
  A. biodiversidad.
  B. deforestación.
  C. contaminación.
  D. pérdida de biomasa.

5. En los países desarrollados, la mayor parte de los empleos son de
  A. agricultura.
  B. actividades de primer nivel.
  C. actividades industriales y de servicio.
  D. actividades de segundo y tercer nivel.

Pregunta de respuesta corta

Menciona tres formas en que las personas influyen en el medio ambiente.

____

____

____

____

Europa y Rusia

Resumen de la Sección 1

Tamaño, situación y población

Europa y Rusia son parte de Eurasia. Eurasia es la masa territorial más vasta del planeta. Está formada por dos continentes: Europa y Asia. El territorio de Rusia abarca los dos continentes. Gran parte de Europa y casi toda Rusia se localizan más al norte que Estados Unidos. ✔

Aunque es un continente pequeño, Europa contiene 44 países. En su mayoría son pequeños. Por su parte, Rusia es el país más grande del mundo. Casi todas las naciones europeas tienen una densidad de población mayor que otros países del mundo. En contraste, Rusia tiene una densidad de población muy baja.

Principales accidentes geográficos

El continente europeo forma una península, es decir, es un cuerpo de tierra rodeado casi por completo de agua. La península europea se proyecta hacia el océano Atlántico. Debido a esto, Europa tiene muchos puertos muy buenos. Gran parte de Rusia se encuentra en la región del océano Ártico, que está congelado la mayor parte del año.

Europa tiene cuatro importantes regiones terrestres. Consulta la siguiente tabla para conocer dichas regiones.

Regiones terrestres de Europa	
Región	**Características**
Tierras altas del noroeste	• en el lejano norte • antiguas montañas con suelo delgado
Llanuras Europeas del Norte	• cubre más de la mitad de Europa • ahora posee la mejor tierra de cultivo y grandes ciudades
Altiplano central	• las tierras altas están conformadas por montanas y mesetas • no es buena para la agricultura pero tiene otros usos
Sistema montañoso alpino	• localizado en el sur de Europa • incluye los Alpes

Términos clave

densidad de población s. cantidad promedio de personas que viven en una milla cuadrada o en un kilómetro cuadrado

península s. área de tierra rodeada casi por completo de agua

meseta s. gran extensión de tierra elevada, casi completamente plana y bordeada en uno o más lados por empinadas laderas o acantilados

---

✔ Verifica tu lectura

¿Cuál es la masa territorial más grande del mundo?

____

____

____

Objetivo de la destreza de lectura

Si quisieras aprender más sobre la geografía de Europa y Rusia, ¿de qué te serviría la tabla para lograr tu objetivo?

____

____

____

Europa y el oeste de Rusia comparten las Llanuras Europeas del Norte. Las ciudades más grandes de Rusia y casi todas sus industrias se encuentran en esa región. Los montes Urales están en el límite oriental de las Llanuras
25 Europeas del Norte. Al este de los Urales se encuentra una región llamada Siberia. Pocas personas viven allí debido al clima extremo. ✓

Vías fluviales de Europa y Asia

Ríos y lagos proporcionan agua y transporte. Los ríos Rhin, Danubio y Volga son los principales ríos de Europa
30 y Rusia.

El río Rhin nace en los Alpes suizos. De allí, continúa en un trayecto sinuoso que cruza bosques y llanuras. Sus canales y **tributarios** permiten que el Rhin se adentre mucho en Europa occidental.

35 El Danubio es el segundo río más largo de Europa. Nace en la región de la Selva Negra, en el oeste de Alemania. Cruza nueve países y termina en el mar Negro, en Europa central.

El río más largo de Europa es el Volga de Rusia. Fluye
40 por el oeste de Rusia y desemboca en el mar Caspio. Por desgracia, el Volga se congela durante tres meses cada año. Por ello, en invierno no es **navegable**, es decir, no es lo bastante profundo para que los barcos transiten en sus aguas.

45 Europa tiene muchos ríos, pero pocos lagos. En contraste, Rusia cuenta con una enorme cantidad de lagos. El lago Baikal es el lago de agua dulce más grande del mundo y se localiza en el sur de Rusia. ✓

Preguntas de repaso

1. ¿Cómo difiere la superficie terrestre de Europa de la superficie terrestre de Rusia?

____

____

2. ¿Por qué el río Volga no es navegable todo el año?

____

____

Términos clave

tributario *s.* río o arroyo que fluye hacia un río más grande
navegable *adj.* suficiente anchura y profundidad para que los barcos puedan pasar

---

✓ Verifica tu lectura

¿En dónde se localiza Siberia?

____

____

____

Estrategia de vocabulario

El término *navegable* está definido en el contexto.
Encierra en un círculo la definición.
Pista: Busca las palabras *es decir.*

✓ Verifica tu lectura

¿En dónde se encuentra el lago de agua dulce más grande del mundo?

____

____

____

Resumen de la Sección 2

Una amplia variedad de climas

Las áreas que están cerca de un océano o mar todo el año tienen un clima más templado que las áreas en la misma latitud que se encuentran lejos del océano. Observa el siguiente mapa y localiza la Corriente del Golfo. Observa cómo se convierte en la Corriente del Atlántico Norte al cruzar el océano Atlántico. Esa poderosa corriente oceánica genera un clima templado en el noroeste de Europa debido a que arrastra aguas y vientos templados del golfo de México. Los vientos que soplan sobre el océano atrapan humedad que se convierte en lluvia.

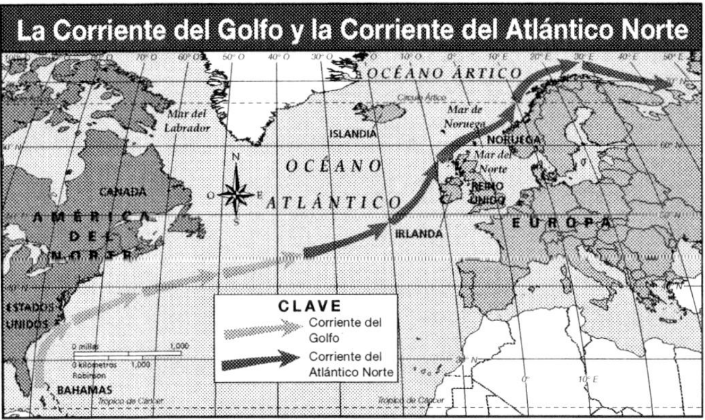

En Europa, las áreas al oeste de las montañas reciben abundantes lluvias. Las del este reciben menos lluvia. Las montañas ocasionan esta diferencia. Al subir por la montaña, el viento se enfría y pierde humedad. El viento es seco cuando llega al otro lado de la montaña. Las áreas que están en el lado apartado del viento se encuentran en una sombra de lluvia. Los océanos y las montañas afectan los climas de Europa y Rusia. ✔

Principales regiones climáticas

En Europa y Rusia hay cuatro importantes regiones climáticas. La región de clima continental húmedo tiene largos inviernos y veranos calurosos. La región de clima subártico tiene veranos cortos y largos, e inviernos fríos. Las regiones subárticas incluyen lugares como Irkutsk, Rusia. El extremo norte de Europa y Rusia tiene clima ártico.

Término clave

sombra de lluvia *s.* área del lado seco y protegido de una montaña, donde cae poca lluvia

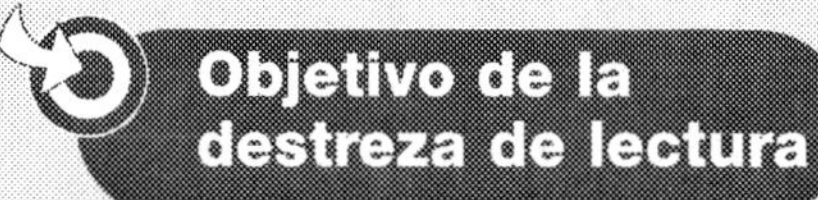

Basándote en lo que has leído hasta ahora, ¿tus predicciones fueron precisas? De no ser así, cambia tus predicciones ahora.

Predicciones nuevas:

____

____

✓ Verifica tu lectura

¿Qué factores afectan los climas de Europa y Rusia?

____

____

____

En estas regiones hace mucho frío todo el año. Por otra parte, el sudeste de Europa y el sudoeste de Rusia tienen clima semiárido. La temperatura aquí es muy elevada y la lluvia es escasa. Europa también tiene tres regiones de
30 clima moderado que no están en Rusia. ✓

Regiones de vegetación natural

También hay muchos tipos diferentes de vegetación natural en Europa y Rusia. Las cuatro principales regiones de vegetación son *bosque, pastizal, mediterránea* y *tundra*.

Gran parte de la vegetación de Europa consiste en
35 bosques. El norte de Europa tiene bosques de grandes árboles de hojas perennes. La mayoría de Europa occidental y central tiene bosques de árboles que mudan sus hojas en otoño. Rusia también tiene bosques. La taiga de Siberia es el bosque más grande del mundo. ✓

40 En Europa, los pastizales cubrían amplias zonas de la Llanura Europea del Norte. Hoy en día, esas tierras se usan para la agricultura. En Rusia, los pastizales se llaman **estepas**. La tierra de las estepas es muy rica y adecuada para la agricultura.

45 La vegetación mediterránea es una combinación de árboles, arbustos y plantas pequeñas.

En el norte de Europa y Rusia hay una región fría y árida llamada **tundra**. En la tundra no hay árboles y el suelo está cubierto de nieve la mayor parte del año.
50 El suelo contiene **permafrost**. Cuando la superficie se descongela, la hierba, los musgos y otras formas de vegetación crecen rápidamente.

Preguntas de repaso

1. ¿Cómo es el clima en las áreas próximas a un océano?

____

____

2. Menciona dos regiones de vegetación en Europa y Rusia.

____

____

Términos clave

estepas *s.* pastizales en el suelo fértil de Rusia

tundra *s.* región fría, árida y sin árboles, cubierta de nieve la mayor parte del año

permafrost *s.* capa del suelo que siempre está congelada bajo la capa superficial de tierra

Recursos de Europa occidental

Europa occidental es una región muy rica. También contribuye al desarrollo económico mundial. Muchas cosas explican la riqueza y el éxito de la región. Una de ellas es que Europa occidental tiene muchos recursos naturales, entre los que se incluyen tierra fértil, agua y combustibles.

La tierra es importante para la agricultura. Gran parte de Europa occidental está cubierta de tierra rica y fértil. El viento ayuda a crear la tierra fértil de la Llanura Europea del Norte. A lo largo de miles de años, los vientos han depositado **loes** en la llanura. Junto con la abundante lluvia y las temperaturas moderadas, el loes ha permitido que los agricultores europeos desarrollen abundantes cultivos.

El agua es otro recurso importante de Europa occidental. La gente necesita agua para beber y para la agricultura. El agua también sirve para generar electricidad. La fuerza del agua corriente hace girar máquinas llamadas turbinas. Estas turbinas producen **energía hidroeléctrica.** ✓

Los **combustibles fósiles** son otro recurso natural importante. Las industrias usan depósitos de combustibles fósiles como fuente de energía. El Reino Unido y Noruega tienen muchos depósitos de gas natural, petróleo y carbón. Los depósitos se formaron hace mucho tiempo a partir de los restos de plantas y animales antiguos.

Recursos de Europa oriental

Europa oriental tiene recursos naturales parecidos a los de Europa occidental. Ucrania, un país muy grande de Europa oriental, tiene depósitos de carbón. También cuenta con petróleo y gas natural. Pero, el recurso más importante de Ucrania es, quizá, su tierra. La tierra negra de la región es muy fértil, gracias a la cual la agricultura es una industria importante en Ucrania. ✓

Términos clave

loes *s.* tipo de tierra rica y polvorienta

energía hidroeléctrica *s.* energía que generan turbinas movidas por el agua

combustible fósil *s.* fuente de energía que se forma a partir de los restos de plantas y animales antiguos

---

Objetivo de la destreza de lectura

Formula una pregunta acerca de los recursos naturales de Europa occidental. Luego, respóndela.

Pregunta:

____

____

Respuesta:

____

____

✓ Verifica tu lectura

¿Cómo se genera la energía hidroeléctrica?

____

____

Estrategia de vocabulario

Observa el término *combustibles fósiles* en las oraciones subrayadas. No has definido el término. Sin embargo, hay claves que sugieren su significado. Encierra en un círculo las palabras o frases que te ayuden a comprender el significado. Luego, escribe con tus propias palabras el significado del término.

____

____

✓ Verifica tu lectura

¿Cuáles son los recursos naturales importantes que se localizan en Ucrania?

____

____

Recursos de Rusia

Rusia tiene muchos más recursos naturales que Estados
35 Unidos. Sin embargo, el clima extremo, el enorme
tamaño y los pocos ríos navegables de Rusia han impe-
dido convertir los recursos naturales en riqueza para el
país. Rusia tiene pocas regiones adecuadas para la agricultura. Muchos lugares carecen de uno o más elementos
40 clave para la agricultura: clima favorable, buena tierra y
agua abundante.

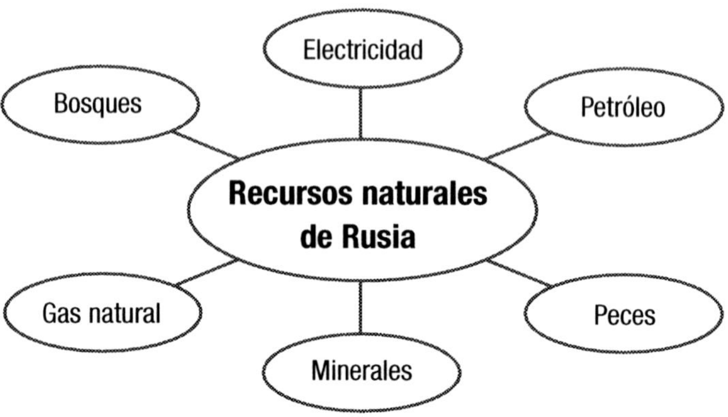

Muchos de los recursos naturales de Rusia se encuentran en Siberia, región muy alejada de los centros de
población e industria del país. No es fácil obtener los
45 recursos naturales de Siberia. Los ríos siberianos están
alejados de las ciudades más importantes y se congelan
durante una parte del año. Hay oleoductos y gasoductos
que conducen petróleo y gas natural. Los ferrocarriles
transportan carbón. Es necesario transportar estos recur-
50 sos a los centros industriales de Rusia. ✓

El uso de los recursos naturales ocasiona otro problema: proteger el medio ambiente. Rusia tiene algunos
de los peores casos de contaminación de todo el mundo,
sobre todo en Siberia.

Preguntas de repaso

1. ¿Cómo se usa el agua como recurso natural en Europa
occidental?

2. ¿Por qué Rusia no ha podido aprovechar sus recursos
con la misma eficacia que Europa occidental?

¿En dónde se encuentran muchos
de los recursos naturales de
Rusia?

1. Un área de tierra rodeada casi por completo de agua, se conoce como
  A. península.
  B. meseta.
  C. tributario.
  D. loes.

2. ¿En dónde se localizan las ciudades más grandes y las principales indus-
  trias de Rusia?
  A. en las tierras altas del Noroeste
  B. en las Llanuras Europeas del Norte
  C. en el Altiplano Central
  D. en el Sistema Montañoso Alpino

3. ¿Cuál de los siguientes describe la región de clima subártico de Europa
  y Rusia?
  A. Esta región tiene temperaturas altas y poca lluvia.
  B. Esta región tiene inviernos largos y fríos, y veranos calurosos.
  C. Esta región tiene veranos calurosos e inviernos templados y lluviosos.
  D. Esta región tiene veranos cortos e inviernos largos y fríos.

4. ¿Qué tipo de vegetación crece en la tundra?
  A. árboles de hojas perennes
  B. pastizales
  C. hierbas y musgos
  D. una combinación de árboles, arbustos y plantas pequeñas

5. ¿Por qué ha sido difícil que Rusia convierta sus recursos naturales en
  riqueza?
  A. Rusia tiene pocos depósitos de recursos naturales.
  B. La mayoría de los recursos naturales de Rusia está en lugares muy
    apartados, en Siberia.
  C. Muchos de sus recursos, como los bosques, se agotaron hace mucho.
  D. Todavía no ha construido oleoductos para transportar petróleo.

Pregunta de respuesta corta

¿Cómo afecta la Corriente del Atlántico Norte al clima del noroeste de
Europa?

____

____

____

____

La herencia griega

Los antiguos griegos fueron los primeros grandes pensadores, historiadores, poetas y escritores de Europa. Concibieron nuevas ideas sobre el funcionamiento del mundo y la forma como debían vivir las personas. Una de sus ideas fue la democracia. En una **democracia** los ciudadanos, y no el rey u otro gobernante, tienen las riendas del gobierno. En la antigüedad, Grecia tenía más de cien **ciudades-estado**. Una de las más conocidas era Atenas. La democracia en la antigua Grecia no era como la que se practica hoy en Estados Unidos. Sin embargo, el concepto griego de que los ciudadanos debían tener voz en su gobierno dio a los pueblos de civilizaciones posteriores un fundamento incomparable para sus gobiernos.

Alejandro Magno ayudó a diseminar las ideas griegas. Conquistó muchas tierras. En todas ellas estableció ciudades griegas, la lengua griega y las ideas griegas. Al morir Alejandro, la cultura griega había unificado a todo el mundo mediterráneo. ☑

La grandeza de la antigua Roma

El Imperio Romano abarcó un área extensa y los romanos edificaron magníficas ciudades y estructuras. <u>También construyeron una de las redes de transportación más sobresalientes.</u> Construidos hace más de 2,000 años, muchos de estos caminos se siguen usando hoy en día.

Durante unos 200 años, Roma fue el estado más poderoso de Europa y el Mediterráneo. Uno de los grandes legados de Roma para el mundo fue un sistema de leyes escritas.

Los emperadores romanos permitieron cierta libertad religiosa, con la condición de que obedecieran las leyes de Roma. Quienes las desobedecían eran castigados con la muerte. Alrededor del año 30 d.C., un líder espiritual llamado Jesús de Nazaret viajó y predicó por toda la región. Se le conoció como Jesucristo.

Términos clave

democracia *s.* tipo de gobierno en que los ciudadanos se gobiernan por sí mismos

ciudad-estado *s.* ciudad con gobierno propio que era a la vez una ciudad y un estado independiente

---

Objetivo de la destreza de lectura

Vuelve a leer el párrafo entre corchete. ¿Cuál es la idea de gobierno de la antigua Grecia que influyó en los pueblos posteriores?

____

____

____

✓ Verifica tu lectura

¿Quién fue Alejandro Magno?

____

____

____

Estrategia de vocabulario

¿Qué significa la palabra *transportación* en la oración subrayada? La palabra contiene un prefijo y un sufijo. Identifica las diferentes partes de la palabra y escríbelas en los espacios siguientes. Como ayuda, consulta un diccionario. Por último, escribe el significado de la palabra. *Pista: portar* significa "llevar".

prefijo ___________________

sufijo ___________________

transportación significa:

____

Después que los romanos mataran a Jesús, sus
35 seguidores comenzaron a difundir sus enseñanzas.
Adoptaron el nombre de cristianos. Primero, recibieron
maltratos de los romanos. Pero cuando el emperador
Constantino se hizo cristiano, el cristianismo se convirtió
en la religión oficial del Imperio Romano.
40 Con el tiempo, el Imperio Romano se hizo demasiado
grande para que lo gobernara una sola persona. Se dividió en los territorios oriental y occidental. La división
occidental se deshizo en el año 476 d.C. cuando los invasores atacaron Roma. ✔

Europa en la Edad Media

45 El colapso del Imperio Romano ocasionó problemas en
Europa occidental. Durante la Edad Media, los europeos
necesitaban encontrar la manera de ordenar y organizar
su sociedad. Crearon el feudalismo. En este sistema, el
rey ocupaba la máxima posición. Prometía garantizar la
50 seguridad de su reino. Los nobles le juraban lealtad a
cambio de tierras. La mayoría de los habitantes de esas
regiones eran siervos. Trabajaban las tierras de los nobles
y a cambio recibían cosechas y protección. Este sistema
económico se llama señorío. ✔
55 El Imperio Romano de Oriente no tenía feudos. Se
mantuvo unido como el Imperio Bizantino hasta el siglo
XV. Los habitantes practicaban la religión Católica
Ortodoxa. La iglesia desempeñaba una función importante
en la vida de la Edad Media.

Preguntas de repaso

1. ¿Cuáles fueron algunos de los logros importantes de
los antiguos romanos?

____

____

2. ¿Cómo funcionaba el sistema de señoríos durante la
Edad Media?

____

____

Términos clave

Edad Media *s.* período que se extiende de la antigüedad a la era
moderna, alrededor de 500-1500 d.C.

feudalismo *s.* sistema en que la tierra era propiedad de los
señores pero era ocupada por los vasallos a cambio de su lealtad

✔ Verifica tu lectura

¿Por qué el Imperio Romano se
dividió en los territorios oriental
y occidental?

____

____

____

✔ Verifica tu lectura

¿Qué sistema se desarrolló en la
Edad Media para restablecer el
orden de los pueblos?

____

____

El esplendor del Renacimiento

Durante el siglo XIV, en Italia surgieron nuevas ideologías que se diseminaron por toda Europa. La gente tenía tiempo y dinero para disfrutar del arte y el aprendizaje. Este período de la historia europea recibe el nombre de Renacimiento.

Los pensadores renacentistas estudiaban el pasado para comprender mejor su mundo. Reexaminaron las ideas de los pensadores griegos y romanos. Conocieron mejor el arte y la literatura del mundo antiguo.

Los pensadores del Renacimiento también comenzaron a reflexionar en la forma de mejorar su mundo, en vez de conformarse con esperar una vida mejor después de la muerte. Esta nueva actitud hacia el conocimiento recibe el nombre de humanismo. Los pensadores humanistas resaltaban la importancia de la naturaleza humana. Creían en la capacidad humana. El humanismo afectó todos los ámbitos de la vida renacentista, incluso las artes. Durante el Renacimiento, el arte se percibió como un medio para comprender mejor la vida. Las ideas renacentistas se diseminaron con mayor rapidez gracias a la invención de la imprenta en 1450. ✓

Más comercio, gobernantes más fuertes

Durante el Renacimiento, los mercaderes comenzaron a viajar fuera de Europa con mayor frecuencia. Ganaban mucho dinero comerciando con oro, marfil y esclavos. Los comerciantes y mercaderes formaron una nueva clase media. En 1492, Cristóbal Colón llegó a las Américas y reclamó las tierras para España. Otros exploradores españoles y europeos viajaron de inmediato a las Américas en busca de riqueza. Gran parte de esa riqueza quedó en manos de los monarcas europeos. Gracias a esta riqueza, las monarquías ya no necesitaron señores feudales. Los monarcas se enriquecieron aún más con los impuestos que pagaba la nueva clase media de comerciantes y mercaderes. Algunos reyes, como Luis XIV de Francia, tomaron el poder absoluto sobre sus pueblos. ✓

Términos clave

Renacimiento *s.* período de la historia europea caracterizado por un renovado interés en el aprendizaje y las artes
monarca *s.* gobernante de un reino o imperio

Estrategia de vocabulario

La siguiente palabra aparece en el primer párrafo entre corchete. ¿Qué te indica el prefijo *re* acerca de lo que hicieron los pensadores renacentistas para comprender mejor su mundo?

reexaminaron

____

____

____

✓ Verifica tu lectura

¿Cómo influyó el humanismo en las artes?

____

____

____

Objetivo de la destreza de lectura

Vuelve a escribir el segundo párrafo entre corchete. Al redactar usa tan pocas palabras como sea posible para explicar cómo aumentó el comercio y cómo los gobernantes se volvieron más fuertes.

____

____

____

✓ Verifica tu lectura

¿Cuáles fueron las dos consecuencias del comercio en las Américas?

1. _______________________

2. _______________________

Revoluciones en el gobierno

Los siglos XVII y XVIII a menudo reciben el nombre de la
Era de la Revolución. En este período de revolución,
ocurrieron cambios en el pensamiento y estilo de vida
de los europeos. Fue el inicio de la edad moderna de la
ciencia y la democracia.

La Revolución Inglesa
• El pueblo considera que los reyes no deben ostentar todo el poder. • El Parlamento declaró la guerra al rey, lo juzgó en el tribunal y lo mandó ejecutar.
La Revolución Americana
• En 1776, las 13 colonias de América del Norte se rebelaron contra el rey británico porque consideraban que sus leyes eran injustas. • Los colonos combatieron a los británicos y formaron Estados Unidos.
La Revolución Francesa
• En 1789, el pueblo francés recurrió a la violencia para destituir a sus gobernantes. • La Revolución Francesa generó caos en Francia. También inspiró nuevas ideas acerca del cambio político y económico. ✓

Revoluciones científicas

Durante siglos, la fe religiosa controló la forma como los
europeos percibían el mundo. Las ideas del humanismo y
el Renacimiento trajeron cambios en el campo de la ciencia, del gobierno y del arte. Los científicos comenzaron a
observar con atención la naturaleza, anotando sólo lo que
veían. Fundamentaron sus teorías en hechos, en vez de
las creencias religiosas. Este cambio de perspectiva se
conoce como Revolución Científica. Algunos de los
grandes adelantos ocurrieron en los campos de la química y la medicina. Isaac Newton inventó una nueva rama
de las matemáticas denominada cálculo. También ideó
numerosas leyes sobre el movimiento de la luna y los
planetas. ✓

Preguntas de repaso

1. ¿Cómo afectó el humanismo a las ciencias y el arte?

2. ¿Por qué los siglos XVII y XVIII reciben el nombre de
Era de la Revolución?

Términos clave

revolución *s.* cambio de gran alcance
colonia *s.* territorio gobernado por otra nación

✓ Verifica tu lectura

¿Qué revoluciones ocurrieron
durante los siglos XVII y XVIII?

✓ Verifica tu lectura

¿Qué inventó Isaac Newton?

Resumen de la Sección 3

La Revolución Industrial

En el siglo XIX estalló una revolución en la forma como se producían los bienes y en el estilo de vida de las personas. Este período de transformación se denominó **Revolución Industrial**. Antes del siglo XIX, la gente hacía a mano todo lo que necesitaba. Durante la Revolución Industrial, las máquinas comenzaron a producir artículos en fábricas.

Las primeras máquinas se inventaron en Gran Bretaña para acelerar el hilado de textiles o productos de tela. Las máquinas se encontraban en grandes fábricas. Cada trabajador de una fábrica tenía una tarea específica que debía realizar una y otra vez. Los bienes se producían más rápido y a menor costo.

La Revolución Industrial trajo cambios positivos y negativos en el estilo de vida. La vida cotidiana se volvió más fácil gracias a los nuevos inventos. Mejoraron la transportación y las comunicaciones. Sin embargo, muchas personas abandonaron sus granjas para trabajar en fábricas. Las ciudades crecieron con rapidez. Esto ocasionó que la gente viviera en lugares abarrotados y en condiciones insalubres, lo cual favorecía la diseminación rápida de enfermedades. Los trabajadores percibían salarios bajos y trabajaban en condiciones peligrosas.

La Revolución Industrial también provocó cambios en el gobierno. Muchas naciones europeas siguieron la política del **imperialismo**. Es decir, se apoderaron de otros países y los convirtieron en colonias. Los países europeos compitieron por colonias nuevas en África y algunas partes de Asia. Las colonias proporcionaban materia prima necesaria para las industrias, como algodón, madera y metales. Por ello, el período final del siglo XIX se denomina la Era del Imperialismo. ✓

Términos clave

Revolución Industrial *s.* período de transformación del siglo XIX en que los bienes comenzaron a producirse en máquinas en las fábricas

textil *s.* producto de tela

imperialismo *s.* la búsqueda del control político y económico sobre territorios extranjeros

---

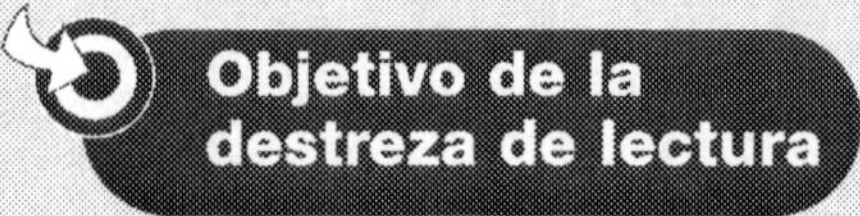

Objetivo de la destreza de lectura

Resume el párrafo entre corchete. Asegúrate de incluir la idea principal. Incluye también tres detalles importantes sobre la forma como la Revolución Industrial cambió el estilo de vida.

Idea principal: _______________

____

____

Detalle: _______________

____

Detalle: _______________

____

Detalle: _______________

____

✓ Verifica tu lectura

¿Por qué se dice que los últimos años del siglo XIX fueron la Era del Imperialismo?

____

____

____

Un siglo de guerra y nacionalismo

A principios del siglo XX, los europeos poseían un gran nacionalismo. Se sentían orgullosos de sus países. Entre 1900 y 1950, el <u>nacionalismo</u> se convirtió en una fuerza <u>destructiva.</u> Ocasionó dos guerras mundiales y la muerte de millones de personas.

Durante la primera parte del siglo XX, cada nación europea temía que otra tratara de invadir su territorio. Para protegerse, las naciones formaron **alianzas** entre sí. Cada nación prometía proteger a su aliado si alguien lo atacaba. Cuando empezó la Primera Guerra Mundial en 1914, Europa estaba dividida en dos <u>alianzas</u>. En un bando se encontraban Alemania, Austria-Hungría y Turquía. En el otro estaban Gran Bretaña, Francia y Rusia. La guerra terminó en 1918 y murieron 22 millones de personas.

En 1939 estalló la Segunda Guerra Mundial. Un bando era la alianza denominada Potencias del Eje (Alemania, Italia y Japón). Los Aliados (Gran Bretaña, la Unión Soviética, Francia, China y Estados Unidos) se oponían a las Potencias del Eje. La Segunda Guerra Mundial ha sido la guerra más destructiva de la historia. Terminó en 1945. Ganaron los Aliados. ✔

Gran parte de Europa se encontraba en ruinas al terminar la Segunda Guerra Mundial. La Unión Soviética y Estados Unidos surgieron como dos superpotencias. Estas naciones tenían diferentes ideas acerca del gobierno y la sociedad. Europa se dividió en dos. Europa occidental era aliada de Estados Unidos. Europa oriental estaba aliada con la Unión Soviética.

Preguntas de repaso

1. ¿Cuándo y cómo se inició la Revolución Industrial?

____

____

2. ¿Por qué las naciones europeas formaron alianzas a principios del siglo XX?

____

____

Términos clave

nacionalismo *s.* orgullo que se siente por el propio país
alianza *s.* acuerdo entre países para protegerse y defenderse de otros

---

Las siguientes palabras están subrayadas en la lectura. Consulta un diccionario para identificar el significado del sufijo de cada palabra. Escríbelo junto a la palabra.

nacionalismo:

____

destructiva:

____

alianzas:

____

Cada vez que encuentres en la lectura el sufijo de cada palabra, enciérralo en un círculo. ¿Conocer el sufijo te ayudó a determinar el significado de cada palabra?

✓ Verifica tu lectura

¿Qué países componían las Potencias del Eje?

____

____

____

Resumen de la Sección 4

Construcción de un vasto imperio

En la década de 1540, Iván IV se convirtió en líder de Moscú. Adoptó el nombre de zar, es decir, emperador. Iván IV expandió el territorio de Moscú hacia el sur y el oriente.

En 1613, Michael Romanov se convirtió en zar. Los Romanov continuaron la expansión del territorio ruso durante el siglo XVII. La occidentalización comenzó cuando Pedro el Grande tomó el poder en 1689. Llevó a Rusia las ideas y la cultura de Europa occidental. Alentó a los rusos a adoptar costumbres occidentales. Pedro consideraba que Rusia necesitaba buenos puertos marítimos para convertirse en potencia mundial. Para este fin, se apoderó de tierras en los mares Báltico y Negro. ✔

La caída de los zares

Rusia se convertía en un imperio poderoso. Pero la vida de la mayoría de la población no mejoraba. Los rusos se dividieron en dos bandos: un puñado de ricos terratenientes y muchos siervos muy pobres. Algunos zares trataron de hacer reformas, pero las condiciones nunca mejoraron. En 1894, Nicolás II se hizo zar. Sería el último zar ruso. Creció la agitación entre campesinos y obreros. En 1905, miles de trabajadores marcharon al Palacio de Invierno y exigieron cambios. El zar Nicolás accedió a establecer la Duma, una especie de congreso. Se adoptaron algunas reformas, pero el pueblo quería más. ✔

Surgimiento de la Unión Soviética

En 1914, Rusia entró en la Primera Guerra Mundial contra Alemania. Millones de soldados rusos murieron o resultaron heridos. El pueblo sufrió un desabasto de alimentos y combustible. En 1917, el pueblo ruso se sublevó. Las tropas se unieron al levantamiento. El zar Nicolás II tuvo que renunciar al trono y después fue asesinado.

✔ Verifica tu lectura

¿A qué se debió que Pedro el Grande quisiera controlar tierras en los mares Báltico y Negro?

____

____

____

✔ Verifica tu lectura

¿Por qué miles de trabajadores marcharon al Palacio de Invierno?

____

____

____

Estrategia de vocabulario

La palabra compuesta *desabasto* aparece en el párrafo entre corchete. Traza una línea vertical entre las dos partes de la palabra. Usa las dos partes de la palabra para averiguar el significado de *desabasto*. Escribe tu definición en las líneas siguientes.

____

____

____

Términos clave

zar *s.* emperador ruso
occidentalización *s.* adopción de la cultura occidental

Un hombre llamado Lenin surgió como nuevo líder de Rusia. Con anterioridad, el gobierno ruso había encarcelado a Lenin por diseminar ideas revolucionarias. <u>Lenin provocó cambios en Rusia</u>. Quería crear un gobierno comunista. Sin embargo, el comunismo en Rusia jamás cumplió lo que prometía Lenin. Por el contrario, el gobierno se quedó con todo el poder y la riqueza. En 1922, Lenin creó la Unión de Repúblicas Socialistas Soviéticas (URSS), también llamada Unión Soviética. José Stalin fue el siguiente líder. Fue un dictador con poder absoluto. Encarceló y mató a quienes se le oponían. ✓

La guerra fría

Después de la Segunda Guerra Mundial, las relaciones entre Estados Unidos y la Unión Soviética se volvieron muy tensas. La Unión Soviética quería propagar el comunismo. Estados Unidos estaba decidido a impedirlo. Este período de tensión sin una guerra abierta se conoce como la guerra fría. ✓

A principios de la década de 1980, la mayoría del pueblo soviético había perdido la fe en el comunismo. Varias repúblicas se volvieron independientes. En 1991, la Unión Soviética se desintegró.

La Federación Rusa

Después de la desintegración, Rusia adoptó el nombre de Federación Rusa. La Federación Rusa ha tratado de desarrollar una economía de estilo occidental y volverse más democrática. La transición no ha sido sencilla. ✓

Preguntas de repaso

1. ¿Qué era la guerra fría?

____

____

2. ¿Qué cambios realizó la Federación Rusa en el gobierno del país?

____

____

Términos clave

revolucionarias *adj.* ideas que se refieren a, o causan, la caída de un gobierno, u otro gran cambio

comunismo *s.* sistema político en el cual el gobierno central es dueño de granjas, fábricas y oficinas

---

Objetivo de la destreza de lectura

La oración subrayada dice que Lenin provocó cambios en Rusia. Sigue leyendo para averiguar a qué se refiere.

¿Qué cambio realizó Lenin en el gobierno ruso?

____

____

____

✓ Verifica tu lectura

¿Qué clase de líder fue José Stalin?

____

____

____

✓ Verifica tu lectura

¿Por qué hubo tensión entre Estados Unidos y la Unión Soviética?

____

____

____

✓ Verifica tu lectura

¿Qué país se convirtió en la Federación Rusa?

____

____

____

Al finalizar la Segunda Guerra Mundial, Europa quedó en ruinas. Los europeos tuvieron que trabajar unidos para reconstruir sus países y fortalecer sus economías. En 1951 comenzó a tomar forma la idea de una Unión Europea. Seis naciones formaron un grupo. Colaboraron en el control de sus industrias de carbón y acero. Con el tiempo, el pequeño grupo se hizo mucho más grande, adquiriendo mayor participación y responsabilidad. Hoy en día, el grupo se denomina Unión Europea (UE) y está integrada por 25 estados. Muchos otros países aguardan la oportunidad para unirse al grupo.

Historia de la Unión Europea

En 1957 se fundó la Comunidad Económica Europea (CEE). El grupo original tenía grandes poderes. Durante las décadas de 1970 y 1980, cada vez más naciones se unieron a la CEE.

En 1992, las naciones participantes firmaron el Tratado de Maastricht. El tratado creaba la Unión Europea (UE). También describía un proyecto mediante el cual los países de la UE habrían de adoptar una misma moneda o tipo de dinero. La moneda se llama **euro**. En 2002, la mayoría de las naciones de la UE comenzaron a usar euros. ✓

¿Qué hace la Unión Europea?

La Unión Europea promueve el desarrollo económico y social de sus países participantes. Dichos países conservan su independencia nacional. Han acordado trabajar juntos por el bien común. Las naciones de la UE comercian libremente entre sí, sin la obligación de pagar impuestos sobre el comercio internacional. La UE tiene un **mercado único**, es decir, un sistema para desplazar bienes, servicios y dinero. Las naciones de la UE cooperan para crear empleos. La UE también se esfuerza en proteger la cultura europea.

Términos clave

euro *s.* moneda oficial de la Unión Europea
mercado único *s.* sistema que elimina las barreras al libre movimiento de bienes, servicios y capital

---

✓ Verifica tu lectura

¿Cuál es la moneda de la Unión Europea?

____

____

____

Estrategia de vocabulario

Las siguientes palabras aparecen en el párrafo entre corchete. Encierra en un círculo el prefijo de cada palabra. Luego, escribe lo que crees que significa cada palabra, basándote en lo que sabes del prefijo y la raíz de la palabra.

internacional

____

cooperar

____

La UE crea leyes que rigen a las naciones integrantes.
Una corte llamada Corte de Justicia se asegura de que las
políticas de la UE se apliquen con equidad a todas las
35 naciones que pertenecen a la unión. ✓

Estructura de la Unión Europea

La UE tiene tres instituciones principales encargadas de
crear políticas. Estas instituciones son el Parlamento
Europeo, el Consejo de la Unión Europea y la Comisión
Europea.

40 El Parlamento Europeo crea la mayoría de las leyes de
la UE. Los ciudadanos de la UE eligen a sus ministros. El
Parlamento representa sus intereses.

El Consejo de la Unión Europea está compuesto de
ministros del exterior de cada país que integra la UE.
45 Un **ministro del exterior** es un funcionario de gobierno
que se encarga de las relaciones de su país con otras
naciones. Cada representante en el Consejo vela por los
intereses de su país de origen.

La Comisión Europea trata de alcanzar los objetivos
50 de toda la comunidad de la UE. Cada nación de la UE
envía representantes a la Comisión, de modo que todos
tengan la misma representación. ✓

Futuro de la Unión Europea

En apenas 50 años, la UE ha dado paz y prosperidad a
los casi 500 millones de habitantes de Europa. A medida
55 que crece la UE, más países tratan de unirse al grupo.
Para ello, los candidatos deben aceptar las leyes, los valores y las políticas existentes de la UE.

Preguntas de repaso

1. ¿Qué estableció el Tratado de Maastricht?

____

____

2. ¿Qué deben aceptar los candidatos para unirse a la UE?

____

____

Término clave

ministro del exterior *s.* funcionario de gobierno encargado de
los asuntos exteriores de una nación

✓ Verifica tu lectura

¿Qué corte se asegura de que las políticas de la UE se apliquen equitativamente?

____

____

____

Objetivo de la destreza de lectura

Sigue leyendo para conocer las tres principales instituciones políticas de la UE. ¿Cuál representa los intereses de toda la comunidad de la UE?

____

____

____

✓ Verifica tu lectura

¿Cuál institución de la Unión Europea vela por los intereses de cada nación individual?

____

____

____

1. ¿Qué sistema mantuvo el orden y la seguridad de las personas durante la Edad Media?
   A. democracia
   B. feudalismo
   C. imperialismo
   D. comunismo

2. Un cambio de gran alcance recibe el nombre de
   A. alianza.
   B. renacimiento.
   C. revolución.
   D. colonia.

3. De las siguientes oraciones sobre la Revolución Industrial, ¿cuál es verdadera?
   A. Ocasionó que se renovara el interés en el aprendizaje y las artes.
   B. Ocasionó que muchos países formaran alianzas de protección y seguridad.
   C. Ocasionó que cambiara la forma como se producían los bienes y el estilo de vida y trabajo de las personas.
   D. Ocasionó el derrocamiento de los gobiernos europeos.

4. ¿Quién fue el primer líder ruso que inició la occidentalización?
   A. Iván IV
   B. José Stalin
   C. Lenin
   D. Pedro el Grande

5. En un sistema de mercado único, los bienes, los servicios y el dinero
   A. pueden moverse libremente sin barreras.
   B. son propiedad de un país y se comparten equitativamente.
   C. se pagan al rey a cambio de protección.
   D. dependen de un solo recurso de un país.

Pregunta de respuesta corta

¿Qué cambios experimentó Rusia tras la desintegración de la Unión Soviética?

____

____

____

____

Los trenes de alta velocidad han facilitado y agilizado los viajes entre los países de Europa occidental. Los europeos pueden llegar a otro país en cuestión de horas. La posibilidad de desplazarse con tal rapidez por Europa occidental, ha ocasionado cambios culturales.

Crecimiento de la industria

Casi todos los países de Europa occidental son prósperos. Esta <u>prosperidad</u> se basa en una economía sólida. La industria y los servicios han provocado este crecimiento.

Hace tiempo, la agricultura era lo más importante para la economía de Europa occidental. Hace 200 años, la mayoría de la población trabajaba en granjas. Cultivaban sus propios alimentos. Con el tiempo, los inventores crearon máquinas agrícolas más novedosas y cada vez mejores. Gracias a estos adelantos, las granjas podían producir más y mejores cultivos con menos <u>jornaleros</u>. Este cambio ocurrió casi al mismo tiempo que la Revolución Industrial. Al necesitarse cada vez menos trabajadores agrícolas, aumentó la necesidad de obreros industriales. Muchas personas comenzaron a mudarse a las ciudades, donde se encontraban las fábricas.

Al terminar la Segunda Guerra Mundial, la urbanización, es decir, el movimiento de personas hacia las ciudades, aumentó rápidamente. Las industrias de la región se fortalecieron. Cada vez más personas abandonaban el campo para trabajar en las ciudades.

En la actualidad, la mayoría de los europeos occidentales trabaja en fábricas o empleos donde proporcionan un servicio. La mayoría de los trabajadores europeos occidentales gana buenos salarios y lleva una vida <u>confortable</u>. ✔

Centros culturales

Al viajar por Europa, la gente a menudo se dirige a una ciudad. Las personas de poblados y aldeas pequeños viajan a las ciudades en busca de trabajo. Algunos se mudan a las ciudades para asistir a la escuela. Otros viajan a las ciudades para disfrutar de sus atractivos culturales.

Estrategia de vocabulario

Cada una de las palabras subrayadas en esta página contiene una palabra base. Encierra en un círculo la palabra base que encuentres en cada palabra subrayada.

Objetivo de la destreza de lectura

¿Qué oración establece la idea principal del párrafo entre corchete? Subraya la oración

✓ Verifica tu lectura

¿En dónde trabaja la mayoría de los europeos occidentales en la actualidad?

____

____

Término clave

urbanización *s.* movimiento de la población hacia las ciudades

La mayoría de las ciudades de Europa occidental es una combinación de antiguo y nuevo. Es común encontrar edificios y casas de la Edad Media. Están junto a edificios modernos. Cada ciudad de Europa occidental es 40 distinta de las demás. París, la capital de Francia, atrae eruditos, escritores y artistas de todo el mundo. Los teatros y museos de la ciudad alemana de Berlín atrae muchos visitantes.

Hoy en día, la vida en Europa occidental es buena, 45 pero no siempre fue así. En los siglos XIX y XX, millones de europeos occidentales abandonaron Europa. Después de la Segunda Guerra Mundial, la industria creció e hicieron falta muchos obreros. Gente de otros países comenzó a emigrar hacia Europa occidental para ocupar esos 50 empleos. En la actualidad, casi 6 por ciento de los obreros de Europa occidental son **inmigrantes**, es decir, personas que se mudaron de un país a otro. La mayoría de los inmigrantes de Europa occidental procede de Europa oriental, África del Norte, el sur de Asia y del Medio 55 Oriente. ✓

Fronteras abiertas

La mayoría de los países europeos son pequeños y están muy próximos entre sí. Personas, ideas, bienes y materias primas viajan rápidamente entre distintos países. Las políticas de la Unión Europea han originado esta situación. Las 60 fronteras abiertas, así como la velocidad de los viajes, han contribuido a la prosperidad de Europa occidental. ✓

Preguntas de repaso

1. ¿En qué se fundamenta la prosperidad de Europa occidental?

____

____

2. Cuando la gente viaja por Europa, ¿por qué suele dirigirse a una ciudad?

____

____

> **Término clave**
>
> **inmigrante** *s.* persona que se muda de un país a otro

✓ Verifica tu lectura

¿Por qué las personas de otros países comenzaron a mudarse a Europa occidental después de la Segunda Guerra Mundial?

____

____

____

Objetivo de la destreza de lectura

¿Qué oración describe la idea principal bajo el encabezado "Fronteras abiertas"? Subraya la oración.

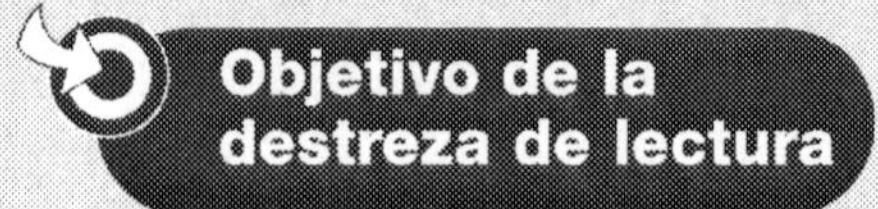

✓ Verifica tu lectura

Menciona dos cosas que se pueden transportar rápidamente en Europa occidental.

1. _______________________________

____

2. _______________________________

____

Hay pocas montañas u otras barreras naturales entre los países de Europa oriental y sus vecinos. Por ello, el movimiento en la región ha sido relativamente fácil. Distintos grupos de personas han entrado o cruzado esta región durante miles de años. Este movimiento de un lugar a otro se conoce como migración. Hoy día continúa la migración.

Grupos étnicos de Europa oriental

Los eslavos fueron uno de los grupos que, hace mucho, migraron por Europa oriental. En la actualidad, sus descendientes componen la mayor parte de los grupos étnicos de Europa oriental. Hace dos mil años había sólo una lengua eslava. A medida que los eslavos se separaron, comenzaron a desarrollarse diversas lenguas eslavas. Hoy en día, se hablan unas diez lenguas eslavas en Europa oriental. Incluyen los idiomas checo, polaco y ruso. También hay muchos dialectos distintos en algunas lenguas eslavas. ✔

Los eslavos también practican diversas religiones. La mayoría sigue la fe ortodoxa oriental o la católica romana. Otros son musulmanes o protestantes.

Algunos países de Europa oriental son casi exclusivamente eslavos, como Polonia y la República Checa. En Europa oriental hay muchos otros grupos étnicos. Casi todo el pueblo húngaro pertenece a un grupo étnico llamado magiar. En Rumania, la mayoría de la población es rumana. En Albania, la mayoría de la población es albana. Los roma (o gitanos) y los alemanes viven en varios países de Europa oriental.

Dominio extranjero

Europa oriental es una región caracterizada por el dominio extranjero. La mayor parte de Europa oriental quedó bajo el control soviético después de la Segunda Guerra Mundial. Los líderes comunistas, influidos por

Objetivo de la destreza de lectura

El párrafo entre corchete describe las culturas eslavas. ¿Qué detalles del párrafo ofrecen ejemplos de la cultura eslava? Identifica dos detalles de apoyo.

____

____

____

____

✓ Verifica tu lectura

Menciona tres lenguas eslavas que se hablan en Europa oriental.

____

____

____

Términos clave

migración *s.* movimiento de un lugar a otro

grupo étnico *s.* grupo de personas que tienen antepasados, cultura, lengua o religión comunes

dialecto *s.* versión de una lengua que sólo se encuentra en determinada región

la Unión Soviética, se colocaron al frente del gobierno de la mayoría de los países de Europa oriental. Se apro-
35 piaron de tierras privadas, castigaron al pueblo por criticar el régimen y desalentaron las expresiones culturales tradicionales, como la religión. ✓

Conflicto étnico

En algunos países de Europa oriental, los pueblos de diversos grupos étnicos conviven en armonía. En otros
40 lugares han estallado conflictos entre grupos étnicos.

Los dos principales grupos étnicos de <u>Checoslovaquia</u> son los checos y los eslovacos. Tras la Segunda Guerra Mundial, la Unión Soviética controló Checoslovaquia. Los comunistas tomaron el control del país. Diversos gru-
45 pos protestaron contra el comunismo. Esto condujo a la restauración de la democracia. Pero, checos y eslovacos no coinciden en cómo dirigir el nuevo gobierno. Checos-lovaquia se dividió pacíficamente en 1993. Hoy forma la República Checa y Eslovaquia.

50 Las diferencias étnicas también ocasionaron la sepa-ración de Yugoslavia a principios de la década de 1990. Esta separación fue violenta. ✓

Centros culturales europeos

Las ciudades de Europa oriental son importantes centros de vida y cultura. Se han desarrollado rápidamente a raíz
55 de la caída del comunismo.

Dos ciudades europeas

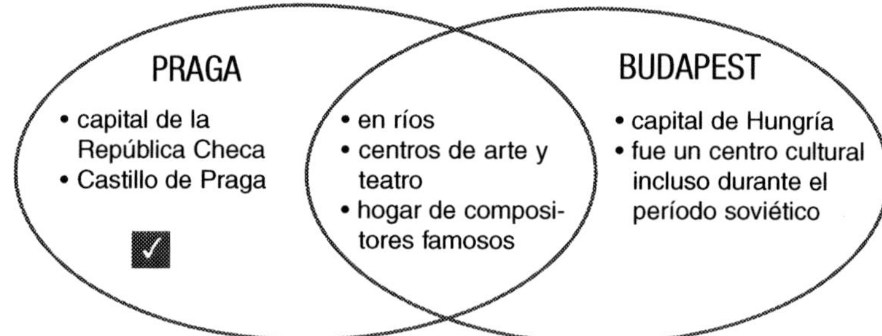

Preguntas de repaso

1. ¿Por qué siempre ha sido fácil el movimiento en gran parte de Europa oriental?

2. ¿Qué factores han contribuido al crecimiento de las ciudades de Europa oriental?

Resumen de la Sección 3

Los grupos étnicos de Rusia

1 La religión ortodoxa rusa es parte de la herencia rusa. Herencia es el conjunto de costumbres y prácticas que pasan de una generación a la siguiente. La cultura étnica rusa también es parte de la herencia rusa. Más de 80 por 5 ciento de los ciudadanos rusos son rusos eslavos. La mayoría de esas personas habla el idioma ruso. Viven en las regiones occidentales de la Federación Rusa. ✓

En Rusia hay más de 60 grupos étnicos no rusos. Por ejemplo, armenios y mongoles viven en los contornos del sur de Rusia. Algunos grupos étnicos hablan un idioma distinto al ruso. También practican religiones distintas.

La Unión Soviética estaba compuesta de muchas repúblicas. Algunas de ellas tenían diferentes grupos étnicos como mayoría de población. Cuando la Unión 15 Soviética se separó, algunas repúblicas no rusas formaron un país propio. Otros grupos étnicos permanecieron como parte de Rusia, a veces contra su voluntad. Los movimientos de independencia han causado tensiones étnicas. La Federación Rusa ha tratado de mantener 20 unido al país.

Cultura y educación en Rusia

Muchos grandes artistas han sido rusos. Los rusos han creado impresionantes edificios, magníficas pinturas, grandes obras teatrales y hermosos objetos artísticos.

El gobierno soviético sólo permitía que el pueblo 25 creara arte que apoyara sus esfuerzos de propaganda. La propaganda consiste en diseminar ideas creadas para respaldar una causa propia o dañar una causa contraria. Cuando se disolvió la Unión Soviética, el pueblo ruso volvió a tener libertad para crear arte. ✓

Términos clave

herencia s. costumbres y prácticas que pasan de una generación a la siguiente

propaganda s. diseminación de ideas creadas para respaldar una causa propia o dañar una causa contraria

---

✓ Verifica tu lectura

¿Cuál es el grupo étnico más numeroso de Rusia?

____

____

◑ Objetivo de la destreza de lectura

Lee los detalles del párrafo entre corchete. Luego, indica la idea principal en una sola oración en tus propias palabras.

____

____

____

✓ Verifica tu lectura

¿Por qué se interrumpió casi por completo la creación de nuevas obras de arte durante el comunismo soviético?

____

____

____

30 San Petersburgo es un centro importante de la cultura rusa. Fue fundado por Pedro el Grande en 1703. Su objetivo era crear una ciudad rusa tan <u>hermosa</u> como cualquier ciudad de Europa occidental. El río Neva serpentea <u>elegantemente</u> a través de la ciudad. A orillas del 35 río se encuentra el Palacio de Invierno. Es uno de los principales lugares de interés de San Petersburgo. Fue el hogar invernal de los zares de Rusia. Hoy es un museo de arte.

La Federación Rusa proporciona educación pública 40 gratuita a los niños de entre 6 y 17 años. Cuando los estudiantes terminan el noveno grado, pueden asistir a una escuela secundaria o vocacional para continuar sus estudios, si así lo desean. Antes, las escuelas sólo enseñaban el punto de vista soviético oficial. Ahora, las escuelas 45 rusas han modernizado sus cursos.

Estos cambios demuestran que Rusia trata de recuperar la riqueza de su pasado a la vez que se prepara para un nuevo futuro. La religión y el arte, dos manifestaciones importantes de la herencia cultural rusa, 50 ahora se pueden expresar con libertad. A diferencia de sus padres, los jóvenes de Rusia podrán elegir por sí mismos su futuro.

Preguntas de repaso

1. ¿Qué incluye la herencia artística de Rusia?

____

____

____

2. ¿Qué ciudad es un centro importante de la cultura rusa?

____

____

____

1. ¿Qué aumentó rápidamente en Europa oriental después de la Segunda Guerra Mundial?
   A. los conflictos étnicos
   B. la agricultura
   C. el desempleo
   D. la urbanización

2. Un grupo de personas que tienen antepasados, cultura, lengua o religión comunes se denomina
   A. anexo.
   B. herencia.
   C. grupo étnico.
   D. grupo inmigrante.

3. Hoy en día, la mayoría de los grupos étnicos de Europa oriental desciende de
   A. albanos.
   B. eslavos.
   C. alemanes.
   D. magiares.

4. ¿Qué país de Europa oriental se dividió pacíficamente debido a que sus diferentes grupos étnicos llegaron a un acuerdo?
   A. Yugoslavia
   B. Macedonia
   C. Albania
   D. Checoslovaquia

5. ¿Cuántos grupos étnicos hay en Rusia?
   A. más de 60
   B. sólo uno
   C. doce
   D. menos de 20

Pregunta de respuesta corta

¿Por qué es fácil desplazarse entre los países de Europa oriental?

____

____

____

____

Regiones del Reino Unido

La nación que ocupa las Islas Británicas ha recibido muchos nombres. Algunos son Inglaterra, Gran Bretaña y Reino Unido. Cada nombre tiene un significado particular.

Inglaterra es la región que se encuentra dentro del Reino Unido. Alguna vez estuvo compuesta de varios reinos pequeños. Un reino se hizo más poderoso y conquistó a los demás. Así, Inglaterra quedó unificada como nación.

Inglaterra comenzó a apropiarse de sus vecinos. Conquistó Gales en el siglo XVI. A principios del siglo XVIII, se unió con Escocia. Todos los países de la isla de Gran Bretaña se volvieron una misma nación. El nombre cambió entonces a Gran Bretaña.

Luego, Gran Bretaña reclamó la vecina isla de Irlanda. Sólo Irlanda del Norte ha permanecido como parte del Reino Unido. En conjunto, Inglaterra, Escocia, Gales e Irlanda del Norte forman el Reino Unido. El gobierno británico unifica las cuatro regiones.

Una herencia democrática

En la actualidad, la reina Isabel II es la cabeza de estado del Reino Unido. Es la monarca del país. El Reino Unido también tiene un fuerte gobierno democrático. Sus raíces se remontan muchos siglos atrás.

En 1215, un grupo de nobles obligó al rey Juan a firmar un documento llamado Carta Magna o "Gran Constitución". La Carta Magna exigía que el rey obedeciera las leyes del país.

El grupo de nobles adoptó el nombre de Parlamento. El **Parlamento** es el cuerpo legislativo del Reino Unido. <u>Más tarde incluyó a los comunes</u>. Es el pueblo quien elige representantes que defienden sus intereses en el Parlamento. El Parlamento moderno gobierna la nación.

Términos clave

parlamento s. cuerpo legislativo del Reino Unido
representante s. persona que representa o defiende los intereses de un grupo de personas

---

✓ Verifica tu lectura

¿Qué regiones componen Gran Bretaña?

✓ Verifica tu lectura

¿Qué exigía la Carta Magna?

Objetivo de la destreza de lectura

¿Qué significa el término *comunes* subrayado en la oración? ¿Qué claves puedes hallar en las palabras o frases circundantes? No pases por alto las claves que muestran un contraste. Define *comunes* en los siguientes espacios. Encierra en un círculo las palabras del párrafo que te ayuden a descifrar su significado.

comunes

Una monarquía cambiante

Los <u>monarcas</u> británicos modernos no tienen el poder de
antes. Ya no dictan leyes ni cobran impuestos. Hoy en
35 día, el Reino Unido está gobernado por una constitución.
Una constitución es un conjunto de leyes que describe
cómo debe funcionar el gobierno. Esto hace que el
gobierno británico sea una monarquía constitucional.
En la década de 1990, el Parlamento comenzó a entregar
40 algo de su poder a los grupos legislativos de tres de las
cuatro regiones. Estos grupos, como la Asamblea de
Irlanda del Norte, dictan leyes que afectan su región
particular. Este proceso se denomina delegación. El
Parlamento sólo dicta las leyes de Inglaterra. ✔

La importancia del comercio

45 El Reino Unido es una nación insular con pocos recursos
naturales. Comercia con otras naciones para obtener
recursos. Por consiguiente, el comercio siempre ha sido
importante para el Reino Unido. En el siglo XVI, el
comercio permitió que los británicos construyeran un
50 vasto imperio. El Imperio Británico tenía colonias en seis
continentes. Después de la Primera y Segunda Guerras
Mundiales, el Imperio perdió todas sus colonias.
En la actualidad, el Reino Unido tiene muchas industrias de gran solidez. Ya no depende de sus colonias para
55 fortalecer su economía. Se sumó a la Unión Europea en
1973. Hoy es uno de los miembros más importantes. ✔

Preguntas de repaso

1. ¿Cuál es la diferencia entre los términos *Gran Bretaña* y
Reino Unido?

____

____

2. ¿Por qué el comercio siempre ha sido importante para
el Reino Unido?

____

____

Términos clave

constitución *s.* conjunto de leyes que describe la forma como
debe funcionar el gobierno

monarquía constitucional *s.* gobierno en que el monarca es la
cabeza de estado, pero tiene poderes limitados

Estrategia de vocabulario

La palabra subrayada, *monarcas*,
está compuesta de dos vocablos
derivados del griego: el prefijo
mono y la raíz *arca*. *Mono* significa
"solo o a solas". La raíz *arca* significa "régimen o gobierno". ¿Qué
crees que significa la palabra
monarcas?

____

____

____

✔ Verifica tu lectura

¿Qué es delegación?

____

____

____

✔ Verifica tu lectura

¿De qué organización depende
actualmente el Reino Unido para
sus operaciones comerciales?

____

Objetivo de la destreza de lectura

La palabra *preservar* no está definida en la oración subraya- da. ¿Qué claves puedes hallar en las palabras y frases circun- dantes, así co- mo en la tabla? Encierra en un círculo las palabras y frases de esta página que te ayuden a conocer el significado.

Estrategia de vocabulario

La palabra *filosofía* está compues- ta de las raíces griegas *filo* y *sofía*. La raíz *filo* significa "amor". La raíz *sofía* significa "sabiduría". ¿Cómo te ayudarían estas raíces a deducir el significado de *filosofía*? Consulta el recuadro Término clave, al final de la página, para descifrar el sig- nificado de *filosofía*.

____

____

____

✓ Verifica tu lectura

Menciona dos ejemplos de la in- fluencia de la cultura francesa en el mundo.

1. _______________________

____

2. _______________________

____

El orgullo en la cultura francesa

El pueblo francés se siente orgulloso de su cultura. <u>Muchos franceses quieren preservar la cultura francesa tradicional</u>. Observa la siguiente tabla para conocer algu- nas contribuciones culturales importantes que ha hecho Francia.

La cultura francesa

Idioma

- Algunos franceses quieren impedir que la lengua francesa cambie excesivamente.
- La Academia Francesa determina las palabras que se aceptan oficialmente en la lengua francesa.

Filosofía

- El barón de Montesquieu desarrolló la idea de que el gobierno debería estar dividido en tres ramas.
- Las ideas de Jean-Jacques Rousseau ayudaron a dar forma a la Constitución de Estados Unidos.

Las artes

- Los pintores impresionistas, como Claude Monet, crearon nuevas técnicas para pintar luces y sombras.
- Alejandro Dumas escribió novelas históricas que aún se leen en la actualidad.

Arquitectura

- En el siglo XII, se desarrolló en París el estilo arquitec- tónico llamado "gótico".
- Se construyeron imponentes catedrales usando el estilo gótico, como la Catedral de Notre Dame.

Moda

- En el siglo XVIII, los aristócratas rusos adoptaron la moda francesa, usaban modales franceses y hablaban francés.
- París sigue siendo uno de los centros de la moda.

Buena comida

- La cocina de estilo francés se ha popularizado en todo el mundo.
- Hoy en día, muchos de los mejores chefs del mundo han sido educados en Francia. ✓

Término clave

filosofía *s.* sistema de ideas y creencias

Diversidad en Francia

Muchos ciudadanos franceses consideran que la cultura
francesa es única y valiosa. Sin embargo, otras culturas
afectan cada vez más la cultura francesa. Por ejemplo,
la lengua francesa ha tomado palabras de muchos otros
idiomas como el inglés y el hindi. La inmigración es otra
causa importante de cambio.

A fines del siglo XIX y principios del XX, Francia
recibió muchos inmigrantes de otros países europeos.
Esos inmigrantes llevaban culturas parecidas a las de
Francia. Adoptaron rápidamente la cultura francesa.

Después de la Segunda Guerra Mundial, Francia nece-
sitó muchos obreros. El gobierno instó a las personas de
otros países a mudarse a Francia. El grupo más numeroso
procedía de Argelia, en África del Norte. Cuando la economía comenzó a decaer en la década de 1970, muchos
franceses nativos empezaron a resentir la presencia de
los inmigrantes. El gobierno limitó la inmigración. Sin
embargo, mucha gente siguió mudándose a Francia.

La vida en Francia puede ser difícil para los inmigrantes. Algunas veces se enfrentan a desventajas
económicas y trato injusto. El gobierno francés prometió
mejorar las oportunidades para los inmigrantes.

Hoy en día, los inmigrantes de Argelia, Marruecos
y Túnez llevan consigo tradiciones culturales africanas y
árabes. Sus alimentos, vestidos y música difieren mucho
de la cultura francesa tradicional. Lo mismo sucede con
los inmigrantes de Asia y otras regiones. ✓

Francia se ha convertido en una sociedad diversa.
Francia y sus habitantes se adaptan al cambio. La mayoría ha aprendido a valorar la diversidad de población.

Preguntas de repaso

1. ¿Por qué crees que los franceses se sienten orgullosos
de su cultura?

2. ¿Cómo se ha visto afectada la cultura francesa por la
influencia de otras culturas?

¿Cómo difieren los inmigrantes
modernos de Francia con respecto
a los inmigrantes del pasado?

Un estado de asistencia social

Suecia es un estado de asistencia social. <u>En un estado de asistencia social, el gobierno proporciona muchos servicios y beneficios, ya sea gratuitos o a muy bajo costo.</u> El sistema estadounidense de asistencia social ayuda a las personas que tienen grandes necesidades (personas que no pueden pagar la atención médica o la comida). El sistema sueco ayuda a todos.

Suecia tiene un sistema de asistencia social "vitalicio". Es decir, el gobierno otorga beneficios básicos a todas las personas durante toda su vida. Cuando nace un niño, el gobierno paga a sus padres para que se queden en casa. El gobierno construye escuelas y compra libros y almuerzos para los estudiantes. El gobierno también paga los estudios universitarios. Todo ciudadano sueco tiene atención médica gratuita o barata. Cuando los trabajadores suecos se jubilan, el gobierno les envía dinero mensualmente para que puedan vivir. ☑

Los suecos consideran que estos beneficios de asistencia social son muy importantes. Pagan los impuestos más altos de Europa para tenerlos.

Construir un estado de asistencia social

En un principio, Suecia era gobernada por un rey o una reina. Con el tiempo, los monarcas dieron al pueblo cada vez más poder. Hoy en día, Suecia es una monarquía constitucional. Esto significa que todavía hay monarquía, pero el pueblo dicta las leyes. La mala economía dio origen al moderno estado de asistencia social en Suecia. A fines del siglo XIX, la industria había crecido en Estados Unidos y gran parte de Europa. Pero Suecia se encontraba rezagada. Muchos suecos eran muy pobres. Muchos se mudaron a Estados Unidos en busca de una vida mejor. En 1932, un partido político llamado Social Demócrata tomó el poder. Prometió mejorar la vida de los suecos. Los socialdemócratas convirtieron a Suecia en un estado de asistencia social. Al mismo tiempo, Suecia se transformó en un país industrializado. La economía se fortaleció. ☑

Término clave

estado de asistencia social s. país donde el gobierno paga muchos servicios y beneficios

---

Objetivo de la destreza de lectura

¿Qué significa la palabra *beneficios* en la oración subrayada? ¿Qué claves encuentras en las palabras, frases u oraciones circundantes? Encierra en un círculo las palabras y frases de esta sección que te ayuden a conocer el significado de *beneficios*. *Pista:* Lee el siguiente párrafo.

✓ Verifica tu lectura

¿Qué es un sistema "vitalicio"?

✓ Verifica tu lectura

¿Qué partido político creó el estado de asistencia social en Suecia?

Problemas y soluciones

Durante décadas, Suecia dio a sus ciudadanos generosos beneficios. Pero la situación cambió en la década de 1980. La economía de Suecia se hizo más lenta. Con el fin de seguir pagando los beneficios, el gobierno pidió dinero
40 prestado. La deuda nacional, es decir, la cantidad de dinero que debía el gobierno, se volvió muy grande.

La población anciana de Suecia es otro problema. <u>Suecia tiene la mayor proporción de jubilados en el mundo.</u> Hay menos trabajadores porque muchas personas
45 se han jubilado. En consecuencia, hay menos dinero de los impuestos para pagar los beneficios. El gobierno sueco está trabajando en la solución de estos problemas. En la década de 1990, redujo las prestaciones. Esto molestó a muchos votantes suecos.

50 Otra solución sería que los negocios ganen más. Los negocios podrían crecer aprovechando mejor los recursos naturales de Suecia. Suecia tiene mineral de hierro y produce acero. También cuenta con rápidos ríos y cascadas que producen energía hidroeléctrica. Los grandes
55 bosques de Suecia sostienen a la industria maderera. ☑

Otra forma de mejorar la economía de Suecia consistiría en fabricar productos con más rapidez. La mayoría de los productos suecos son de gran calidad. Pero los suecos no han podido fabricarlos con suficiente rapidez y
60 a bajo costo como hacen otros países. Mejorar los procesos de fabricación ayudaría a la economía de Suecia.

Preguntas de repaso

1. ¿Qué beneficios reciben los ciudadanos de Suecia?

____

____

2. ¿Cuáles son algunos de los retos económicos actuales de Suecia?

____

____

Término clave

deuda nacional *s.* cantidad de dinero que un gobierno debe

La palabra *proporción* contiene la raíz o palabra base *porción*. Se deriva del vocablo latino *portio*, que significa "parte". *Proporción* también contiene el prefijo latino *pro-*, que significa "para". ¿Qué crees que significa *proporción* en la oración subrayada?

____

____

✓ Verifica tu lectura

¿Qué recursos naturales ayudarían a la economía de Suecia?

____

____

____

La Ciudad del Vaticano

Ciudad del Vaticano, también llamada Vaticano, es un país dentro de otro país. Está ubicada dentro de Roma, la capital de Italia. El Vaticano es una ciudad-estado independiente. Una ciudad-estado es a la vez una ciudad y un país independiente.

Ciudad del Vaticano es sede mundial de la Iglesia Católica Romana. El papa es el dirigente. Todos los días, católicos de todo el mundo acuden a él en busca de guía. La mayoría de los italianos practica la religión católica romana. Su religión los unifica. ✔

Todos los días, católicos y no católicos visitan el Vaticano. La mayoría acude a ver la Basílica de San Pedro. Una basílica es una iglesia católica romana especial, debido a su pasado. El palacio y los museos de arte del Vaticano también son atractivos populares. Contienen colecciones de arte de valor incalculable. Algunas obras de arte datan de la antigüedad griega y romana.

La Capilla Sixtina se encuentra dentro del Vaticano. Contiene muchas pinturas, esculturas y obras de arte famosas. El famoso artista Miguel Ángel pintó escenas religiosas en el techo durante el siglo XVI. Es el techo más famoso del mundo.

Divisiones entre norte y sur

El catolicismo romano unifica a casi mil millones de personas en todo el mundo. También unifica a muchos italianos. Los italianos están unidos por otras cosas. La mayoría de la población de Italia pertenece a la etnia italiana. Es común encontrar fuertes vínculos familiares entre los italianos.

Los italianos también tienen muchas diferencias. Los italianos del norte y los italianos del sur viven y trabajan de distinta manera. Durante muchos años, no hubo una sola Italia. Italia se unificó en un mismo país hasta fines del siglo XIX.

Término clave

basílica *s.* iglesia católica romana reconocida particularmente por el tiempo que lleva erigida o por su historia

---

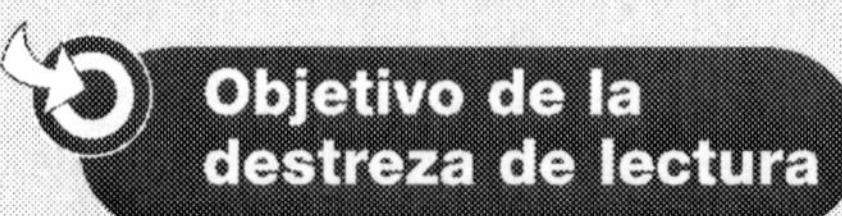

Objetivo de la destreza de lectura

Observa la palabra *sede* en la oración subrayada. Encierra en un círculo las claves que te ayuden a comprender por qué hace referencia a una cosa importante. Luego, observa con atención las palabras. *Sede* es el asiento o trono que ocupa un prelado o religioso. También es la capital de una diócesis. ¿Por qué crees que el Vaticano también recibe el nombre de *Santa Sede*?

✓ Verifica tu lectura

¿Qué es el Vaticano?

____

____

____

La vida en el norte y el sur de Italia

	Norte	Sur
Historia	• Influencia de los invasores de Europa occidental. • Se compone de ciudades-estado.	• Influencia de los invasores del sur y oriente. • El gobierno consiste de reinos feudales; gran cantidad de campesinos trabajaban la tierra.
Economía	• Tiene muchos negocios internacionales y la mayoría de las industrias manufactureras de Italia. • Más próspera. • Después de la Segunda Guerra Mundial, la economía tuvo un auge en las grandes ciudades y los centros industriales.	• Eminentemente agrícola. • También es importante la pesca. • Después de la Segunda Guerra Mundial, la economía agrícola no prosperó. • El gobierno de Italia trató de ayudar al sur introduciendo una reforma agraria. • El gobierno también construyó caminos y nuevos sistemas de irrigación.
Política	• <u>En la década de 1990, un partido llamado Liga del Norte pidió la secesión del norte de Italia y la formación de un país independiente.</u>	• La Liga del Norte no ha tenido éxito en elecciones recientes.

Preguntas de repaso

1. Menciona tres cosas que unifican a los italianos.

____

____

____

2. Menciona tres diferencias entre el estilo de vida del norte de Italia y el estilo de vida del sur de Italia.

____

____

____

Términos clave

manufactura *s.* proceso de transformar materias primas en productos terminados

reforma agraria *s.* proceso de dividir propiedades grandes en propiedades más pequeñas

Estrategia de vocabulario

La palabra *secesión* aparece en la oración subrayada. El término se forma con el vocablo latino *se*, que significa "apartar" y la raíz latina *ced*, que significa "ir". ¿Cuál crees que sea el significado de *secesión*?

____

____

✓ Verifica tu lectura

¿Qué parte de Italia es eminentemente agrícola?

____

____

El pasado de Alemania

1 Alemania perdió la Primera Guerra Mundial en 1918. Los países vencedores obligaron a Alemania a pagar miles de millones de dólares como castigo por atacar a otras naciones. La economía alemana se derrumbó. Los alemanes
5 estaban desesperados. Un hombre llamado Adolfo Hitler prometió recuperar la grandeza de Alemania. En 1933, Hitler era dictador de Alemania.

Hitler culpó a los judíos de los problemas económicos de Alemania. Afirmó que los judíos, romas y otros grupos
10 étnicos de Alemania, eran inferiores a los demás alemanes. Afirmó que el grupo étnico germano era superior a otros grupos y que debían gobernar Europa.

Hitler atacó a los países vecinos. Sus actos dieron inicio a la Segunda Guerra Mundial. Al finalizar la guerra,
15 Europa estaba en ruinas. Los alemanes habían matado a incontables judíos y otras personas en sus campos de concentración. Millones de personas fueron asesinadas en esos campos. Muchos eran judíos. <u>Ese horrible homicidio masivo de seis millones de judíos se llamó</u> Holocausto.

20 Al finalizar la guerra, los países vencedores dividieron Alemania en dos territorios. La República Federal de Alemania, también llamada Alemania Occidental, era un país democrático. La República Democrática Alemana, o Alemania Oriental, era comunista. Berlín, la capital, se
25 encontraba en Alemania Oriental. Sin embargo, la mitad de la ciudad pertenecía a Alemania Occidental. El Muro de Berlín separó las dos mitades de Berlín. Fue símbolo de un mundo dividido. ✓

Durante la guerra fría, Estados Unidos y las naciones
30 democráticas de Europa occidental se opusieron al comunismo. Las tropas soviéticas permanecieron en los países de Europa oriental para asegurar que siguieran siendo comunistas. La guerra fría tuvo muchas consecuencias para Europa. Las fronteras de la guerra fría separaron a
35 parientes y amigos. Las personas que escapaban al oeste sufrían porque no podían ver a la familia que dejaban en el oriente. Los alemanes orientales tenían que obedecer al gobierno comunista sin hacer preguntas.

Objetivo de la destreza de lectura

Halla la palabra subrayada *horrible* en el tercer párrafo. Escribe algunas ideas sobre lo que crees que significa el término.

____

____

Vuelve a leer el párrafo y encierra en un círculo las palabras y frases que te ayuden a estar seguro del significado de la palabra *horrible*.En caso necesario, modifica tu definición.

____

____

✓ Verifica tu lectura

¿Qué parte de Alemania era un país democrático: la Oriental o la Occidental?

____

____

Término clave

Holocausto *s.* homicidio masivo de seis millones de judíos

A fines de la década de 1980, los cambios de la Unión
Soviética debilitaron al gobierno de Alemania Oriental.
Algunos alemanes orientales escaparon a Alemania
Occidental. Otros comenzaron a protestar en las calles. El
9 de noviembre de 1989, una multitud empezó a destruir
el Muro de Berlín, piedra por piedra. Los alemanes orientales siguieron protestando contra el gobierno. Menos de
un año después, las dos Alemanias se unificaron nueva-
mente en un mismo país.

Alemania reunificada

La mayoría de los alemanes se alegra de la caída del
Muro de Berlín. Las culturas de Alemania Oriental y
Occidental han conservado muchas de sus semejanzas,
aunque hayan sido países separados. Sin embargo, la
reunificación no fue sencilla.

La economía de Alemania Oriental era muy débil.
Para fortalecer la economía, el gobierno vendió las fábricas estatales a compañías privadas. Estas compañías
modernizaron las fábricas y otros negocios estatales.
Limpiaron los sitios de desechos <u>tóxicos</u>. Los alemanes
del oeste tuvieron que gastar mucho dinero en esa
limpieza. Pero ahora, los alemanes orientales disfrutan de
un estándar de vida mucho mejor que el que tuvieron
durante el comunismo.

Berlín también se reunificó. En 1999 volvió a ser la
capital nacional. Los alemanes creían que la ubicación de
Berlín ayudaría a la unificación del país. ✓

A pesar del elevado costo de la reunificación,
Alemania tiene una de las economías más fuertes del
mundo. Es un poderoso integrante de la Unión Europea.

Preguntas de repaso

1. ¿Qué castigo recibió Alemania después de la Primera
Guerra Mundial?

____

____

2. ¿Cómo cambió Alemania Oriental después de la
reunificación?

____

____

Términos clave

reunificación *s.* proceso de unificarse de nuevo
estándar de vida *s.* nivel de comodidad en términos de bienes y
servicios que tienen las personas

Observa la palabra *tóxicos* subrayada. Se deriva del vocablo latino *toxicum*, que significa "veneno".
Un vocablo griego parecido, *toxi-
con*, se refiere al veneno en que se
mojaban las puntas de las flechas.
Basándote en esta información,
¿qué tipo de lugar crees que sea
un sitio de desechos tóxicos?
Escribe la definición en el espacio
siguiente.

____

____

✓ Verifica tu lectura

¿Por qué se eligió Berlín como
capital de la nación reunificada?

____

1. Un gobierno en que el monarca es el jefe de estado pero tiene poder limitado, es un(a)
   A. monarquía absoluta.
   B. monarquía constitucional.
   C. monarquía.
   D. democracia.

2. ¿Qué estilo arquitectónico surgió en París durante el siglo XII?
   A. clásico
   B. renacentista
   C. francés académico
   D. gótico

3. ¿Qué país es un estado de asistencia social?
   A. Italia
   B. Alemania
   C. Suecia
   D. Francia

4. De las siguientes oraciones sobre el sur de Italia, ¿cuál es verdadera?
   A. Tiene muchas ciudades grandes.
   B. Es eminentemente agrícola.
   C. Es un centro de manufactura.
   D. Está gobernada por reinos feudales.

5. El Holocausto se refiere a
   A. el final de la Segunda Guerra Mundial.
   B. el derrumbe de la economía de Alemania.
   C. el horrible homicidio masivo de seis millones de judíos.
   D. la reunificación de Alemania.

Pregunta de respuesta corta

¿Qué medidas adoptó el gobierno de la Alemania reunificada para mejorar la economía de la antigua Alemania Oriental?

____

____

____

____

Polonia fue el estado más grande de Europa en la Edad Media. Para fines del siglo XVIII, se había dividido. Después de la Segunda Guerra Mundial, la Unión Soviética estableció un cruel gobierno comunista en Polonia. Los polacos recuperaron su libertad cuando el gobierno comunista fue derrocado en 1989.

Tradición en Polonia

Durante siglos, el catolicismo ha sido el centro de la tradición polaca. El gobierno comunista trató de desalentar el catolicismo. Pero el pueblo polaco permaneció fiel a la Iglesia Católica Romana.

Hoy en día, la mayoría polaca es católica. Los polacos practican el catolicismo de forma peculiar. Los católicos polacos se sintieron orgullosos cuando, en 1978, un polaco fue elegido papa de la iglesia católica. El papa Juan Pablo II hizo que el mundo mirara a Polonia y su lucha contra el comunismo. ✔

Una minoría polaca profesa la religión ortodoxa. La religión polaca ortodoxa tiene tradiciones propias. En todo el país hay **santuarios,** es decir, lugares sagrados.

Los judíos forman una pequeña minoría en Polonia. La mayoría de los 3 millones de judíos polacos fueron asesinados durante el Holocausto.

La lengua polaca también ha resistido el paso del tiempo. Los comunistas forzaron a los niños polacos a aprender ruso en las escuelas, pues era el idioma principal de la Unión Soviética. A la fecha, la mayoría de la población habla polaco. El idioma ha ayudado a unificar al país.

Grandes cambios económicos

Polonia ha tenido mucho éxito en el cambio del comunismo al **capitalismo.** El 1 de enero de 1990, los líderes polacos pusieron fin al control gubernamental sobre el precio de los productos. También se aseguraron de que los impuestos y salarios permanecieran sin cambios. Un año más tarde, Polonia estableció un mercado de valores.

Términos clave

santuario *s.* lugar sagrado

capitalismo *s.* sistema económico en el cual los negocios son de propiedad privada

---

✔ Verifica tu lectura

¿Cuál es la religión de la mayoría de los polacos?

____

____

⟳ Objetivo de la destreza de lectura

Vuelve a leer los párrafos entre corchete. Identifica dos aspectos de la vida polaca que permanecieron sin cambios, aun bajo el comunismo.

____

____

35 Muchos extranjeros comenzaron a invertir su dinero en Polonia. La inversión extranjera ha fortalecido la economía polaca. También se han establecido nuevas pequeñas empresas. Algunas eran simples puestos callejeros. Cuando ganaron dinero, se adueñaron de otras 40 tiendas. Hoy en día, los **empresarios** manejan más de dos millones de empresas privadas.

El cambio al capitalismo ha beneficiado a los consumidores, pero fue difícil para los agricultores. Bajo el comunismo, el gobierno siempre compraba los productos 45 agrícolas y mantenía elevados los precios. Esto daba a los agricultores un ingreso confiable. Después del comunismo, los precios cayeron. ☑

Desafíos futuros

El pueblo polaco todavía enfrenta muchos desafíos. Durante la era comunista, la contaminación destruyó 50 gran parte de los bosques del sur de Polonia. La contaminación también elevó la tasa de ciertas enfermedades, como el cáncer. Polonia ha reducido muchas formas de contaminación, pero necesita continuar sus esfuerzos.

Polonia también enfrenta una elevada tasa de desem- 55 pleo. Bajo el comunismo, el gobierno se aseguraba de que la gente tuviera empleo. Bajo el capitalismo, no existe esa <u>garantía</u> o seguridad. Muchos polacos se han mudado a otros países europeos buscando trabajo. Otros esperan que su integración a la Unión Europea lleve más inver- 60 siones a Polonia y genere más empleos. ☑

Preguntas de repaso

1. ¿Qué medidas adoptaron los líderes polacos para cambiar la economía del comunismo al capitalismo?

____

____

2. ¿Qué desafíos importantes enfrenta Polonia en la actualidad?

____

____

✓ Verifica tu lectura

¿Por qué los productos agrícolas tenían un precio más elevado durante el comunismo?

____

____

Estrategia de vocabulario

La palabra *garantía* está definida en el contexto. Encierra en un círculo su definición. *Pista*: Busca la palabra *o*. También busca la explicación de *garantía* **antes** de la palabra. Subraya esa explicación.

✓ Verifica tu lectura

¿Por qué el desempleo es un problema para Polonia?

____

____

Término clave

empresario *s.* persona que desarrolla ideas originales para iniciar nuevas empresas o negocios

Resumen de la Sección 2

Tierra de muchos pueblos

La Península de los Balcanes, también llamada los Balcanes, está situada en el sudeste de Europa. Esta sección trata de los seis países balcánicos que formaban la nación de Yugoslavia: Serbia, Montenegro, Bosnia y Herzegovina, Macedonia, Croacia y Eslovenia.

Hay muchos grupos étnicos en los Balcanes. Muchos habitantes de los Balcanes hablan idiomas eslavos relacionados. Por ejemplo, el servio, el croata y el bosnio son tan similares entre sí como lo son el inglés estadounidense y el inglés británico.

La religión es, posiblemente, la diferencia más importante entre los pueblos de los Balcanes. La mayoría es cristiana: ya sea católica ortodoxa o católica romana. Los bosnios son musulmanes. ✓

La creación de Yugoslavia

Yugoslavia se formó en 1918, al concluir la Primera Guerra Mundial. La nueva nación reunió a muchos grupos étnicos y religiosos. Estos grupos no estaban de acuerdo con la forma como debía gobernarse el país. Yugoslavia se dividió en repúblicas. La más grande era Serbia. Serbia tenía la mayoría del poder y administraba el gobierno nacional. Otros grupos resentían el control de Serbia.

Después de la Segunda Guerra Mundial, Josip Broz Tito se convirtió en el jefe de gobierno. Transformó Yugoslavia en un estado comunista como la Unión Soviética. Pero también desarrolló políticas propias. Por ejemplo, comerciaba con países occidentales para fortalecer la economía yugoslava. Bajo Tito, la economía creció.

El régimen de Tito alivió las tensiones entre los grupos étnicos. Eso ayudó a unificar Yugoslavia. A la muerte de Tito, en 1980, los diversos grupos étnicos lucharon por el poder. ✓

Separación de Yugoslavia

En 1989, el comunismo comenzó a derrumbarse en Europa oriental. Muchas personas culpaban a los serbios de los problemas de Yugoslavia. Algunas repúblicas querían gobernarse solas.

En 1990, eslovenos y croatas comenzaron a separarse de Yugoslavia. Eslovenia afirmaba que tenía el derecho

---

✓ Verifica tu lectura

¿En qué son similares los grupos étnicos de los Balcanes?

____

____

Objetivo de la destreza de lectura

Lee los párrafos entre corchete. Menciona una diferencia en Yugoslavia antes y después que Tito se convirtiera en el jefe de gobierno.

____

____

✓ Verifica tu lectura

¿Qué acontecimiento precipitó la lucha por el poder en Yugoslavia?

____

____

Estrategia de vocabulario

¿Qué crees que significa ser "autónomo"? La palabra *autónomo* está definida en el contexto. Encierra en un círculo la definición.
Pista: Busca la oración que sigue a la palabra.

✓ Verifica tu lectura

¿A qué grupo étnico pertenece la mayoría de la población de Kosovo?

____

____

✓ Verifica tu lectura

¿Por qué fue juzgado en corte Milosevic?

____

____

de **secesión**, es decir, el derecho de separarse de
40 Yugoslavia. Serbia reconoció la independencia de Eslovenia. Pero estalló la guerra en Croacia. La Organización de las Naciones Unidas envió tropas de pacificación. También impuso un **embargo** a Yugoslavia.

En Bosnia y Herzegovina crecieron las tensiones entre
45 los distintos grupos étnicos. En 1992 dio comienzo una **guerra civil.** La ONU, la OTAN y Estados Unidos trabajaron para que serbios, croatas y musulmanes bosnios firmaran un tratado de paz.

También hubo conflictos en la provincia serbia de
50 Kosovo. La población de Kosovo es casi 90 por ciento albanesa. En la antigua Yugoslavia, los albanos de Kosovo eran autónomos. Tomaban decisiones propias. El presidente yugoslavo Slobodan Milosevic privó a Kosovo de sus libertades.Los albaneses se rebelaron y las fuerzas
55 serbias los atacaron. La OTAN intervino y se firmó un acuerdo de paz en 1999. ✔

El futuro de la región

Estados Unidos y Europa aplicaron sanciones económicas a Yugoslavia, pero las levantaron cuando un tribunal de las Naciones Unidas juzgó a Milosevic por crímenes de
60 guerra. Las dos repúblicas restantes de Yugoslavia cambiaron su nombre a Servia y Montenegro. En 2006, Montenegro declaró su independencia de Servia. ✔

Preguntas de repaso

1. ¿Cuáles son las seis naciones balcánicas que formaban Yugoslavia?

____

____

2. ¿Cuándo se creó Yugoslavia? ¿Cuándo adoptó un gobierno comunista?

____

____

Términos clave

secesión *s.* separarse de un grupo político o de un país
embargo *s.* prohibir el comercio
guerra civil *s.* guerra entre grupos de personas dentro de una misma nación
sanciones económicas *s.* medidas que limitan el comercio con naciones que han violado las leyes internacionales

Una historia de ocupación

Durante siglos, Ucrania fue gobernada por sus vecinos más poderosos. Ucrania se encuentra entre las naciones de Europa y Rusia. De hecho, el nombre de Ucrania significa "tierra fronteriza". La ubicación de Ucrania la expone a invasiones.

Los enormes recursos naturales de Ucrania han atraído invasores. En diversas épocas, Polonia, Checoslovaquia, Rumania y Alemania han ocupado algunas áreas de Ucrania. Rusia, después llamada Unión Soviética, gobernó Ucrania de fines del siglo XVIII hasta 1991.

Las industrias ucranianas florecieron bajo el régimen soviético. Las minas proporcionaban gran cantidad de mineral de hierro, carbón y otros minerales a las industrias soviéticas. Los barcos usaban puertos ucranianos en el mar Negro para transportar bienes dentro y fuera de la Unión Soviética. Los soviéticos también usaban los ríos de Ucrania para embarcar bienes.

Alguna vez, Ucrania fue uno de los mayores productores de granos en Europa. Fue llamada el granero de Europa. ¿Por qué es tan productiva la tierra de Ucrania? Más de la mitad del país está cubierta de una tierra rica y negra llamada **chernozem.** Cuando la Unión Soviética tomó el control de Ucrania en 1922, los agricultores ucranianos fueron forzados a proveer de alimento al resto de la Unión Soviética. A fines de la década de 1980, producían la cuarta parte del grano y la carne que consumía la Unión Soviética.

A fin de producir alimento, los gobernantes soviéticos quitaron tierras a los agricultores ucranianos para crear enormes granjas controladas por el gobierno llamadas **colectivos.** Los agricultores tenían que trabajar en esos colectivos o en fábricas nuevas. Todas las cosechas de los colectivos quedaban en manos del gobierno. Millones de ucranianos morían de hambre. Sin embargo, la vida en las granjas mejoró con los años.

✓ Verifica tu lectura

¿Por qué el sobrenombre "granero de Europa" era apropiado para Ucrania?

Objetivo de la destreza de lectura

Vuelve a leer los párrafos entre corchete. ¿Cómo cambió la vida de los agricultores de Ucrania bajo el régimen soviético?

Términos clave

chernozem *s.* tierra rica y negra
colectivo *s.* enorme granja controlada por el gobierno

La independencia supone desafíos

En 1991, Ucrania logró independizarse de la Unión Soviética. Primero, el nuevo país tuvo que decidir cómo reconstruiría su economía. Los ucranianos tenían que aprender a fundar nuevas empresas. También debían ⁴⁰aprender a producir bienes de consumo. Por último, debían mejorar su producción agrícola acabando con el sistema de colectivos.

También debían elegir un idioma. Bajo la Unión Soviética, la lengua oficial fue el ruso. Con la independencia, ⁴⁵dencia, el ucraniano se convirtió en idioma oficial.

Ucrania sigue recuperándose del terrible accidente ocurrido durante el período soviético. En 1986, una explosión sacudió la planta de energía nuclear de Chernobil. Los materiales radiactivos flotaron en el aire. ⁵⁰Muchas personas murieron. Más de 100,000 personas tuvieron que abandonar el área. Era peligroso vivir allí. Aun hoy, gran parte del suelo y el agua de Ucrania está envenenada. <u>Más de 32,000 millas cuadradas de tierras agrícolas están contaminadas</u>. ✓

La vida en Ucrania

⁵⁵La independencia ha planteado desafíos a la vida en Ucrania. Por ejemplo, Kiev, la capital, suele estar repleta de personas que visitan sus parques, tiendas y restaurantes. Desde la independencia, hay disponibilidad de nuevas revistas y periódicos. La ciudad de Kharkiv, al ⁶⁰oriente de Kiev, es el centro industrial más activo del país y también un vibrante centro cultural. Los grandes recursos de la tierra y la capacidad de los habitantes para trabajar unidos permitirán que la independencia de Ucrania sea un éxito. ✓

Preguntas de repaso

1. ¿Quién controló Ucrania hasta 1991?

2. ¿Qué dificultades enfrenta Ucrania desde su independencia?

Capitalismo emergente

1 Al disolverse la Unión Soviética en 1991, la nueva
Federación Rusa tuvo que encontrar una nueva forma de
gobierno. También tuvo dificultades para cambiar del
comunismo al capitalismo.

5 Moscú es la capital de Rusia. Cuando la Unión
Soviética colapsó, los negocios de Moscú crecieron al
principio. **Inversionistas** de diferentes países iban a
ganar dinero en Moscú. Algunos se volvieron muy ricos.
Pero no todos los rusos compartían la nueva riqueza.

10 Los salarios de la mayoría de los obreros rusos eran
bajos. Muchos vivían en la pobreza.

Muchos rusos han podido realizar sus sueños de iniciar negocios o fábricas propias. Sin embargo, <u>la corrupción impide que los dueños de negocios conserven todo</u>

15 <u>lo que ganan</u>. Pandillas de criminales suelen obligar a los
comerciantes honestos a pagarles dinero. Las leyes que
protegen al pueblo no se aplican debidamente.

En la década de 1990, muchos rusos perdieron los
ahorros de toda una vida cuando fracasaron los bancos y

20 creció la **inflación.** La economía se recuperó lentamente.
Los rusos también tienen el problema de la atención
médica. Antes, la atención médica era gratuita. Ahora es
muy costosa. Los hospitales no cuentan con equipos
modernos.

25 Siberia también resultó afectada con el cambio al capitalismo. Es una vasta región al oriente de Rusia. Tiene
carbón, oro, hierro, petróleo y gas natural. Para obtener
y usar estas ricas reservas, los soviéticos construyeron
minas, fábricas y el ferrocarril Transiberiano. Crecieron

30 grandes ciudades en esta región rural. El gobierno comunista se aseguraba de que todos los trabajadores tuvieran
empleo y que los agricultores obtuvieran buenos precios
por sus cosechas. Hoy en día, los siberianos temen perder
sus empleos. Por otra parte, ahora pueden comprar casas

35 propias. ✔

Términos clave

inversionista s. persona que gasta dinero para mejorar un
negocio, con la esperanza de ganar más dinero

inflación s. aumento en el nivel general de precios cuando la
cantidad de bienes y servicios permanece igual

Estrategia de vocabulario

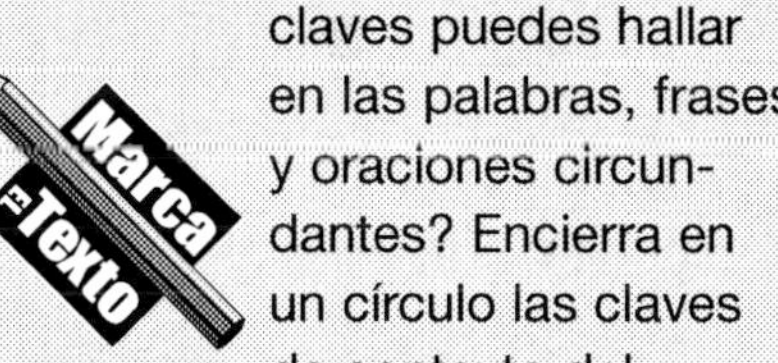

¿Qué significa la palabra *corrupción* en la oración subrayada? ¿Qué
claves puedes hallar
en las palabras, frases
y oraciones circun-
dantes? Encierra en
un círculo las claves
de contexto del
párrafo que te ayuden a conocer
el significado de *corrupción*.

____

____

✓ Verifica tu lectura

¿Cómo cambió la vida en Siberia
desde el colapso del gobierno
comunista?

____

____

____

✓ Verifica tu lectura

Describe una tradición rusa que persista hoy en día.

____

____

✓ Verifica tu lectura

¿Por qué es un problema que Rusia dependa de sus recursos naturales?

____

____

Las tradiciones culturales subsisten

El colapso del comunismo soviético ocasionó grandes cambios en las vidas de muchos rusos. Pero aún sobreviven las antiguas costumbres rusas.

Moscú sigue siendo el centro cultural de la nación. Los vendedores callejeros aún venden juegos de muñecas anidadas, junto a las personas que ofrecen productos electrónicos.

Gran parte de Siberia permanece como región rural. Allá, los cambios ocurren con lentitud. Muchas cabañas de madera carecen de agua corriente. Pero los siberianos se han adaptado a la vida en su gélido clima. ☑

Unificar una vasta nación

Rusia es un país enorme. Tiene más de 144 millones de habitantes. La mayoría pertenece a la etnia rusa. También hay muchos grupos étnicos distintos que hablan diferentes lenguas y practican diversas religiones. Algunos están hartos del régimen ruso.

La mayoría de los habitantes de la república de Chechenia son musulmanes. En 1991, Chechenia declaró su independencia de Rusia. Rusia envió tropas a Chechenia porque no quería perder el control de aquella república rica en petróleo. Todavía continúa la lucha entre los rebeldes chechenios y las tropas rusas.

Al iniciar el nuevo milenio, la economía rusa comenzó a mejorar. Sin embargo, algunos problemas persisten. Rusia tiene muchos recursos naturales. Pero depende excesivamente de la venta de esos materiales, en vez de la creación de nuevos empleos. Si los precios mundiales bajan, la economía rusa se debilita. ☑

Preguntas de repaso

1. ¿De qué manera el cambio al capitalismo ha dañado y beneficiado al pueblo ruso?

____

____

____

2. Describe la guerra en Chechenia.

____

____

____

1. Las tradiciones que ayudan a la unificación de Polonia incluyen
   A. el catolicismo.
   B. los colectivos.
   C. el idioma ruso.
   D. la inversión extranjera.

2. La provincia serbia donde se rebelaron los albaneses se llama
   A. Yugoslavia.
   B. Slobodan Milosevic.
   C. Kosovo.
   D. Montenegro.

3. ¿Qué vuelve tan productivas las tierras agrícolas de Ucrania?
   A. sus enormes colectivos
   B. una rica tierra negra llamada chernozem
   C. la nueva maquinaria agrícola
   D. las granjas corporativas

4. Ucrania sigue recuperándose de un desastre ocurrido durante el período soviético. Se trata de
   A. la hambruna de millones de personas en los colectivos.
   B. la contaminación de puertos y ríos ocasionada por los barcos soviéticos.
   C. la explosión de una planta de energía nuclear en Chernobil.
   D. el agotamiento de sus recursos naturales, como hierro y carbón.

5. La nueva economía de Rusia depende excesivamente de
   A. las ventas de sus recursos naturales.
   B. las inversiones extranjeras en sus empresas.
   C. las empresas que son propiedad de acaudalados ex funcionarios gubernamentales.
   D. el desarrollo de grandes ciudades y fábricas en Siberia.

Pregunta de respuesta corta

Compara las consecuencias que el cambio del comunismo al capitalismo ha tenido en Polonia y Rusia.

____

____

____

____

África

Regiones y accidentes geográficos de África

África tiene más de 50 países. El continente tiene cuatro regiones: África del Norte, África Occidental, África Oriental y África Central y África del Sur. <u>Cada región de África tiene varios tipos de climas y accidentes geográficos.</u>

África del Norte tiene montañas rocosas y el desierto más grande el mundo, el Sahara. **África Occidental** tiene la población más numerosa. Consta principalmente de prados. Su suelo es apropiado para la agricultura. **África Oriental** tiene muchas montañas, algunas mesetas, prados y colinas. Gran parte de **África Central** y **del Sur** consta de llanuras o prados con pequeñas colinas. También tiene bosques tropicales, montañas, pantanos y desiertos.

A África a menudo se le llama el continente de mesetas. Esto se debe a que es plana y de alta elevación. Pero no toda África es plana. Las cuatro regiones tienen montañas. Las más altas se encuentran en África Oriental. ✔

Una franja de llanura costera bordea gran parte de la costa africana. La tierra es árida y arenosa en algunas partes. En otras, es pantanosa y húmeda. En el país africano de Ghana, la franja costera mide apenas 5 millas (8 kilómetros) de ancho. Termina en una pendiente larga y empinada. En lo alto de la pendiente hay una meseta.

El monte Kilimanjaro, la montaña más alta de África, está en África Oriental. Se encuentra en el límite del Valle de la Gran Grieta. El valle se formó hace millones de años. Los continentes se separaron y dejaron una grieta que mide 4,000 millas (6,400 kilómetros) de largo. La mayoría de los lagos más importantes de África se encuentra dentro o cerca del Valle de la Gran Grieta.

Los ríos de África

África tiene cuatro grandes ríos: el Nilo, el Congo, el Zambeze y el Níger. Algunas partes de estos ríos permiten la navegación. Sin embargo, sus cataratas y empinados rápidos impiden que los barcos naveguen desde el interior de África hasta la costa.

Términos clave

meseta *s.* área extensa y plana que se eleva sobre el territorio que la rodea; por lo menos uno de sus lados está inclinado

elevación *s.* altura del suelo sobre o por debajo del nivel del mar

grieta *s.* profunda hendidura en la superficie de la Tierra

Estrategia de vocabulario

¿Qué significa el término *accidentes geográficos* en la oración subrayada? ¿Qué claves puedes hallar en las palabras, frases u oraciones que le siguen? Encierra en un círculo las palabras que te ayuden a comprender el significado de *accidentes geográficos*.

✓ Verifica tu lectura

¿Por qué África se conoce como el continente de mesetas?

____

____

____

Objetivo de la destreza de lectura

Vuelve a leer para comprender qué significa el *interior de África*. Mientras vuelves a leer el párrafo de la izquierda, busca conexiones con otras palabras.

Longitudes de los principales ríos de África	
1. Río Nilo	más de 4,000 millas (6,400 kilómetros)
2. Río Congo	2,900 millas (4,677 kilómetros)
3. Río Níger	2,600 millas (4,180 kilómetros)
4. Río Zambeze	2,200 millas (3,540 kilómetros)

35   El **Nilo** es el río más largo del mundo. Es casi dos veces más largo que el río Mississippi. El Nilo Blanco se halla en Sudán. El Nilo Azul está en Etiopía. Los dos ríos son **tributarios** del Nilo. Después de unirse para formar el Nilo, el río fluye hacia el norte, hasta el mar Mediterráneo.

40   Desde hace miles de años, la gente ha cultivado las tierras a lo largo del Nilo. Las inundaciones anuales proporcionaban agua para el cultivo. También dejaban una capa de cieno, es decir, pequeños trozos de roca y tierra. El cieno volvía **fértil** el suelo. En la década de 1960, 45 Egipto construyó la Gran Presa de Asuán en el Nilo. Detrás de la presa se formó el lago Nasser. El agua del lago Nasser se usa para regar los cultivos del desierto. Gracias a la presa el Nilo ya no se inunda. ✓

El **río Congo** cruza los bosques tropicales de África 50 Central. Cientos de tributarios desembocan en el río Congo. La gente desarrolla cultivos junto al río. También pescan gran variedad de peces.

El **Níger** fluye hacia al norte desde Guinea y luego hacia el sur. Provee de agua a las granjas del valle que lo 55 rodean. Muchos se ganan la vida pescando en el Níger.

El **Zambeze** se encuentra en África del Sur. A mitad de su recorrido hasta desembocar en el océano Índico, el Zambeze cae en un cañón. Esto crea una espectacular cascada conocida como Cataratas Victoria.

Preguntas de repaso

1. Menciona las cuatro regiones de África.

____

____

2. ¿Cuál es el río que forma las Cataratas Victoria?

____

____

Términos clave

tributario *s.* río o arroyo que desemboca en un río más grande

fértil *adj.* rico en nutrientes que las plantas necesitan para crecer

✓ Verifica tu lectura

¿Qué consecuencia tuvo la Gran Presa de Asuán en las aguas del Nilo?

____

____

____

¿Qué influye en el clima?

1 Hay tres factores que influyen en el clima: distancia con respecto del ecuador, elevación y proximidad de grandes cuerpos de agua y accidentes geográficos.

El ecuador cruza por el centro de África. Las regiones 5 cercanas al ecuador suelen ser calurosas y tienen clima tropical. La mayor parte de África está en una región de clima tropical. Al norte del ecuador, el invierno y el verano ocurren al mismo tiempo que en Estados Unidos. <u>Al sur del ecuador, las estaciones ocurren a la inversa.</u> Eso 10 significa que en julio es pleno invierno en Sudáfrica.

A mayor elevación el clima tiende a ser más frío. Por ejemplo, el monte Kilimanjaro está cerca del ecuador. Pero su cumbre es fría todo el año porque es muy alta. ✔

Una comparación entre Etiopía y Somalia ayuda a 15 mostrar los efectos de la elevación en el clima. Se encuentran más o menos a la misma distancia del ecuador, pero sus climas son distintos.

Etiopía se encuentra en una meseta muy elevada. Su temperatura es templada y tiene abundante lluvia. La 20 lluvia permite desarrollar muchos cultivos en Etiopía. Por tanto, muchos agricultores no necesitan irrigar sus cultivos. Cuando el país pasa por una sequía, es mucho más difícil desarrollar cultivos y criar animales.

Somalia tiene menos elevación que Etiopía. Su clima 25 es árido y caluroso. Sólo se pueden desarrollar cultivos cerca de un río o un oasis, donde es posible irrigarlos.

La lluvia varía mucho de una región de África a otra. Algunas partes de la costa occidental reciben abundante lluvia. Pero en regiones del Sahara no llueve en años.

Regiones de vegetación de África

30 África tiene diversas regiones de vegetación. En África Central y Occidental hay bosques tropicales que cubren la quinta parte del continente. Llueve a menudo en las regiones de bosque tropical. En ellas viven muchos tipos de árboles, plantas y animales.

Términos clave

irrigar *v.* regar mediante zanjas, tuberías, canales o aspersores

sequía *s.* período largo sin lluvia o con lluvia escasa

oasis *s.* lugar fértil del desierto donde hay agua y vegetación

---

Estrategia de vocabulario

Observa la palabra *inversa* en la oración subrayada. El término no está definido. Sin embargo, hay claves sobre su significado. Encierra en un círculo las palabras o frases  del párrafo que te ayuden a descubrir el significado.

✓ Verifica tu lectura

¿Cuál es la relación entre la elevación y el clima de un lugar?

____

____

____

35   Algunos habitantes de los bosques tropicales viven en ciudades o poblados. Otros talan árboles para desarrollar cultivos como cacao o mandioca. Sin embargo, la tala de árboles amenaza la supervivencia de estos bosques.

    La vegetación más común de África es la **sabana** tro-
40 pical. En la región de sabana hay hierbas altas, arbustos y árboles dispersos. En ella hay grandes manadas de animales. Sólo hay dos estaciones, la de secas y la de lluvia. ☑

    Más allá de las sabanas se encuentran los desiertos. El Sahara cubre la mayor parte de la superficie de África del
45 Norte. Una región llamada Sahel está en el límite sur del Sahara. El Sahel es caluroso y árido. Recibe pocas pulgadas de lluvia al año. Allí crecen arbustos, hierba y algunos árboles. Los desiertos de Namibia y Kalahari están en África del Sur.

50   La mayoría de los habitantes de los desiertos africanos son **nómadas.** Los nómadas del desierto siempre están en movimiento. Muchos crían animales, como camellos. También comercian.

Clima y salud

En toda África, hay lugares que presentan riesgos sanitarios para los animales de granja y las personas. En los bosques tropicales hay muchos insectos que transmiten enfermedades. Las enfermedades y afecciones físicas también cobran víctimas en los prados.

    La mosca tse-tsé vive en algunas partes de África. Su
60 picadura puede matar al ganado y ocasionar en las personas un padecimiento llamado enfermedad del sueño. ☑

    Los mosquitos viven en climas húmedos y templados. Los que transmiten una enfermedad llamada malaria, contaminan a las personas picándolas.

Preguntas de repaso

1. Menciona tres factores que influyen en el clima.

____

____

2. ¿En qué región de vegetación llueve a menudo?

____

____

Términos clave

sabana *s.* región de hierbas altas con árboles dispersos

nómada *s.* persona que no tiene un hogar establecido y permanente, y por ello migra de un lugar a otro

---

✓ Verifica tu lectura

¿Qué tipos de vegetación crecen en la región de la sabana africana?

____

____

____

Objetivo de la destreza de lectura

Usa tus propias palabras para volver a escribir el párrafo entre corchete. ¿De qué otra manera dirías *cobran víctimas*?

Pista: Podrías decir "las enfermedades y afecciones físicas ocasionan graves problemas", usando tus propias palabras.

____

____

____

✓ Verifica tu lectura

¿Qué problemas ocasiona la mosca tse-tsé?

____

____

____

Recursos agrícolas

La mayoría de los africanos son agricultores. Algunos viven en áreas de suelo fértil y abundante lluvia. Pero la mayor parte vive en tierras de suelo pobre o lluvia insuficiente para favorecer la agricultura.

Gran parte de las tierras de África se usan para la **agricultura de subsistencia**. Los agricultores de subsistencia venden o cambian sus cultivos por otros artículos necesarios. Sin embargo, usan sus cultivos principalmente para alimentar a sus familias.

Los agricultores de subsistencia desarrollan diversos cultivos en diferentes regiones de África. Por ejemplo, en África del Norte cultivan cebada, trigo y dátiles. También irrigan sus campos para cultivar frutas y verduras.

En los países donde hay sabana tropical árida, los agricultores de subsistencia cultivan granos. Donde llueve más, también cultivan verduras, frutas y tubérculos. Los tubérculos incluyen ñame y mandioca. Maíz y arroz son cultivos importantes en África Occidental. Muchas personas de distintas culturas africanas practican la pesca o crían cabras o aves de corral. ✓

Los agricultores de todas las regiones de África desarrollan **cultivos comerciales**. En Costa de Marfil, Ghana y Camerún cultivan café y cacao. En Kenia, Tanzania, Malawi, Zimbabwe y Mozambique, el té es uno de los cultivos comerciales.

En años recientes, cada vez más agricultores han sembrado cultivos comerciales. Esto significa que siembran menos tierras con cultivos que satisfagan las necesidades de una familia. A veces, esto ocasiona problemas en el continente. Cuando han fracasado los cultivos comerciales, algunos africanos se han quedado casi sin alimento. Además, a veces cae el precio de los cultivos comerciales. En esos casos, las familias ganan menos dinero para comprar lo que necesitan.

Los árboles de madera dura crecen en las cuatro regiones de África. Las personas pueden ganar dinero

---

Términos clave

agricultura de subsistencia *s.* desarrollar sólo los cultivos necesarios para sostener a la familia

cultivo comercial *s.* cultivo que se desarrolla para la venta

---

Estrategia de vocabulario

La palabra *pobre* tiene varios significados. ¿Cuál es su significado en este contexto?

____

____

✓ Verifica tu lectura

¿Cuáles son algunos de los cultivos de subsistencia que desarrollan los agricultores de distintas partes de África?

____

____

____

Objetivo de la destreza de lectura

Para resumir el párrafo entre corchete, identifica primero los puntos principales. Un punto importante es que cada vez más agricultores africanos han empezado a sembrar cultivos comerciales. ¿Cuáles son los otros puntos principales?

____

____

con la tala y venta de estos árboles. Se han talado miles de acres de bosque. Varios países han plantado árboles para no agotar este valioso recurso natural.

Recursos naturales

40 Cada nación africana tiene una **economía** propia. Como has leído, la agricultura es importante para muchas economías africanas. Lo mismo ocurre con la minería.

Ciertas regiones de África son ricas en recursos minerales. Algunos países tienen gran cantidad de petróleo. Se 45 usa para hacer aceite y gasolina. Libia, Argelia, Nigeria, Camerún, Gabón y Angola producen mucho petróleo. Ghana exporta mucho oro. Los países africanos también producen los siguientes recursos minerales: cobre, plata, uranio, titanio y diamantes. ☑

Cómo mejorar el bienestar económico

50 La mayoría de los trabajadores africanos se dedica a la agricultura. Cuando la economía de un país depende de un solo tipo de industria, se dice que el país tiene una economía especializada. ☑

Para que África fortalezca su economía, las granjas 55 deben recibir suficiente lluvia para desarrollar cultivos. Asimismo, los agricultores deben vender sus cultivos a precios lo bastante elevados para ganar dinero. Los países africanos tratan de **diversificarse** porque lo anterior no siempre sucede. Eso significa que tratan de producir 60 muchos tipos de cultivos, materias primas y productos manufacturados. De esa manera, si fracasara un cultivo comercial, la economía del país no sufriría tanto como lo haría si fuera su única industria.

Preguntas de repaso

1. ¿Cuáles son los dos tipos de agricultura de África?

2. Menciona tres recursos minerales de África.

Términos clave

economía *s.* sistema de producción, distribución, uso y propiedad de bienes y servicios

diversificar *v.* dar variedad; expandir la economía de un país aumentando la variedad de los bienes que produce

---

Verifica tu lectura

¿Para qué se utiliza el petróleo?

Verifica tu lectura

¿Qué es una economía especializada?

1. El monte Kilimanjaro y el Valle de la Gran Grieta se encuentran en
   A. África Occidental.
   B. África del Norte.
   C. África Oriental.
   D. África del Sur.

2. El río más largo de África es
   A. el Nilo.
   B. el Congo.
   C. el Níger.
   D. El Zambeze.

3. ¿En qué tipo de región climática se encuentra la mayor parte del territorio de África?
   A. continental
   B. tierras altas
   C. tropical
   D. ecuatorial

4. ¿Qué tipo de vegetación es la predominante en África?
   A. bosque tropical
   B. sabana
   C. desierto
   D. Sahel

5. ¿Cómo se gana la vida la mayoría de los africanos?
   A. minería
   B. manufactura
   C. caza o pesca
   D. agricultura

Pregunta de respuesta corta

¿De qué manera la elevación y la distancia con respecto del ecuador afectan el clima?

Resumen de la Sección 1

Cambian las destrezas de supervivencia

Nuestros antepasados humanos fueron cazadores-recolectores. Cazaban animales y recolectaban frutas, semillas y raíces. Los animales no sólo proveían de carne sino también cuero y pieles para vestir y construir refugios. Los humanos primitivos hacían herramientas de madera, huesos y piedra. Con el uso de las primeras herramientas de piedra, se inició un período llamado Edad de Piedra.

Hace unos 10,000 ó 6,000 años, algunos cazadores empezaron a cultivar la tierra y a domesticar animales. Tal vez la agricultura en África se dio inicialmente en África del Norte, donde la tierra era menos árida que ahora.

Quizá los primeros agricultores cultivaban granos. Luego, comenzaron a **domesticar** plantas. Dejaron sólo las semillas de las plantas fuertes y desecharon las demás. También empezaron a domesticar animales salvajes.

Al domesticar plantas y animales, las personas pudieron controlar sus fuentes de alimento. Ya no tuvieron que viajar en busca de comida. Podían establecerse en un solo lugar. La mayoría de los agricultores se estableció en tierras fértiles próximas a un río u otra fuente de agua. De esa manera, algunas comunidades comenzaron a producir más alimento del necesario. Esto permitió que la gente se dedicara a otras actividades además de la agricultura.

Civilizaciones del Nilo

Tras cientos de miles de años, algunos grupos de la Edad de Piedra se convirtieron en **civilizaciones**. Una civilización funda ciudades y tiene un gobierno. Los grupos de personas que comparten orígenes, riqueza y estilos de vida forman clases sociales. También surgen la arquitectura, la escritura y las artes. Hace unos cuantos miles de años, surgieron dos civilizaciones importantes junto al río Nilo. Eran Egipto y Nubia. Ambas fueron comunidades agrícolas primitivas.

✓ Verifica tu lectura

¿Qué acontecimiento dio origen a la Edad de Piedra?

____

____

____

⟳ Objetivo de la destreza de lectura

Imagina que tu objetivo de lectura era conocer más sobre las destrezas de supervivencia. Menciona un hecho del párrafo entre corchete que te ayude a lograr dicho objetivo.

____

____

____

✓ Verifica tu lectura

Encierra en un círculo las tres características que comparten las personas de una clase social.

Términos clave

domesticar *v.* desarrollar plantas o animales para uso humano

civilización *s.* sociedad que tiene ciudades, un gobierno central, clases sociales y habitualmente ha desarrollado la escritura, las artes y la arquitectura

El antiguo Egipto era gobernado por reyes. Estos reyes
recibían el título de faraones. Se les sepultaba en tumbas.
Algunas tumbas eran pirámides enormes. En su interior,
pintaban escenas de la vida egipcia. También escribían
jeroglíficos, o sea, símbolos representados con imágenes.

Los reinos de Nubia surgieron cerca del 3100 a.C. Uno
de los más grandes fue Napata. Los nubios de Napata
conquistaron Egipto y lo gobernaron por 60 años. Otro
reino nubio posterior, situado más al sur, era el Meroë.

Las migraciones bantú

Hace unos 4,000 años, un grupo africano comenzó a
migrar. Aquel pueblo hablaba lenguas bantú. Salieron
de la región que hoy está en la frontera entre Nigeria y
Camerún. Esa migración fue una de las más grandes de
la historia.

Nadie sabe por qué se inició la migración bantú. Es
posible que las mejoras agrícolas ocasionaran el crecimiento de la población. De ser así, la gente habría necesi-
tado más tierras para cultivar. Cualquiera que haya sido
la razón, los agricultores de habla bantú comenzaron a
dispersarse por África Central y del Sur. Muy pronto, su
lengua fue la única de aquellas regiones.

En la actualidad, hay cientos de grupos étnicos en
África Central y del Sur. Los miembros de un grupo étnico
comparten una historia o cultura. También pueden tener
una lengua propia. La mayoría de los grupos étnicos de
África Central y del Sur habla una de las muchas lenguas
bantú. Eso significa que más de 200 millones de personas
en esa región hablan bantú. ✔

Preguntas de repaso

1. ¿En qué parte de África es posible que se haya originado la agricultura?

____

____

2. ¿Qué fueron las migraciones bantú?

____

____

Estrategia de vocabulario

El término *jeroglífico* está definido en el contexto. Encierra en un círculo la defición.

✔ Verifica tu lectura

¿Cuántas personas de África Central y del Sur hablan, actual- mente, lenguas bantú?

____

____

Términos clave

migrar *v.* salir de un lugar para establecerse en otro
grupo étnico *s.* grupo de personas que tiene los mismos antepasados y comparte la misma cultura, lengua o religión

Resumen de la Sección 2

Civilizaciones mercantes de África Oriental

Las primeras civilizaciones de África Oriental nacieron en las costas. Prosperaron gracias al comercio. Tenían trato comercial con Arabia, la India y el oriente de Asia.

Cerca de 1000 a.C., mercaderes árabes y africanos se establecían junto al mar Rojo. Luego, se fundó el reino de Aksum ahí mismo. En el siglo III d.C., Aksum controlaba el comercio del mar Mediterráneo a la India.

El comercio con bienes permitió el intercambio de ideas. En el siglo IV d.C., se difundió el cristianismo. Muchos habitantes de Aksum se hicieron cristianos.

Cuando los árabes tomaron el control de la región en el siglo VII d.C., Aksum perdió su poder. En aquella época, surgían nuevas ciudades mercantes a lo largo de la costa. Los mercaderes navegaban a la India y China con pieles de animales, marfil y oro. Regresaban con los barcos cargados de algodón, seda y porcelana. ☑

El comercio modificó la cultura de la costa de África Oriental. Los mercaderes musulmanes llevaron el islam a África Oriental. Surgió una lengua nueva llamada <u>suahili.</u> Hoy en día, el suahili es la lengua bantú más hablada.

Ciudades mercantes de África Oriental se volvieron **ciudades-estado** poderosas. Entre ellas: Malindi, Mombasa y Kilwa. A inicios del siglo XVI, muchas ciudades-estado fueron conquistadas por europeos originarios de Portugal, quienes deseaban construir su propio imperio comercial.

Otra gran civilización surgió lejos de las costas y al sur de las ciudades-estado de África Oriental. Se llamó Gran Zimbabwe y comerció con África Oriental.

Potencias mercantes de África del Norte

La ubicación de África del Norte atrajo a los mercaderes marinos. Hacia 800 a.C., los fenicios construyeron la ciudad mercante de Cartago. Se volvió una ciudad-estado poderosa. Durante siglos, controló el comercio en el Mediterráneo. Tal vez fue la ciudad más rica del mundo. En 146 a.C., el Imperio Romano destruyó la ciudad. ☑

Términos clave

suahili *s.* una lengua bantú que se habla en gran parte de África oriental; también es un grupo étnico

ciudad-estado *s.* una ciudad que además es un estado independiente, con sus propias tradiciones, leyes y forma de gobierno

---

✓ Verifica tu lectura

¿Qué tipo de bienes entraban y salían de África oriental?

Estrategia de vocabulario

Usa las claves de contexto para escribir una definición de la palabra *suahili*. Encierra en un círculo las palabras o frases del texto que te ayuden a escribir la definición. Luego, compara tu definición con la del recuadro Términos clave.

✓ Verifica tu lectura

¿Para qué construyeron los fenicios la ciudad de Cartago?

35 Bajo el régimen romano, surgieron nuevas ciudades y
caminos en todo el territorio de África del Norte. También
se diseminó el cristianismo. Pero en 476 d.C., el Imperio
Romano colapsó. Los árabes tomaron el control de África
del Norte en el siglo VII d.C. Su religión, el Islam, se
40 esparció a África del Norte y África Occidental.

Reinos de África Occidental

Los reinos de África Occidental obtuvieron poder gracias
al comercio con oro y sal. La gente necesita sal para vivir,
y no había fuentes de sal en África Occidental. Pero había
oro. En África del Norte había sal, pero no oro. El comer-
45 cio entre África del Norte y África Occidental se incre-
mentó. Así, tres reinos de África Occidental se volvieron
poderosos. Al sur, los reinos de los bosques tropicales
también se enriquecieron con el comercio.

El primer reino de África Occidental fue Ghana. Sus
50 reyes se enriquecieron con los impuestos que cobraban al
comercio de oro y sal en sus tierras.

En el siglo XIII surgió una potencia nueva: Malí. Los
reyes controlaban las minas de oro del sur y las fuentes
de sal en el norte. El rey más famoso fue Mansa Musa. ✓
55 Mansa Musa y muchos de sus súbditos eran musulmanes. En 1324, Mansa Musa fue en peregrinación a la
Meca, ciudad santa de Arabia. Mansa Musa quería forjar
lazos comerciales con otros estados musulmanes y Europa.

Alrededor de 1332, el Imperio Songhai se convirtió en
60 el reino más poderoso de África Occidental. Su principal
ciudad mercante, Tombuctú, también fue un centro de
aprendizaje musulmán. Invasores de África del Norte
derrotaron a Songhai en 1591.

Preguntas de repaso

1. ¿Cómo cambió el comercio la cultura de la costa de
África Oriental?

____

____

2. ¿Cómo se enriquecieron los reinos de África Occidental?

____

____

Términos clave

peregrinación *s.* viaje que tiene una finalidad religiosa
Tombuctú *s.* ciudad de Malí, cerca del río Níger

Objetivo de la destreza de lectura

Basándote en lo que has leído hasta ahora, ¿consideras que tus predicciones fueron acertadas? De no ser así, revísalas y cambia tus predicciones ahora.

Predicción nueva:

____

____

____

✓ Verifica tu lectura

¿Quién fue Mansa Musa?

____

____

Estrategia de vocabulario

Tal vez no conozcas el significado de la palabra *mandioca* que aparece en la tabla. Encierra en un círculo las claves que encuentres. Luego, busca la palabra en un diccionario y escribe la definición correcta en el espacio proporcionado.

____

____

✓ Verifica tu lectura

¿Qué ocurrió cuando los portugueses vieron las ciudades-estado de África Oriental?

____

____

____

✓ Verifica tu lectura

¿Por qué los europeos querían poseer esclavos?

____

____

Los europeos en la costa

A mediados del siglo XV, los portugueses comenzaron a navegar por la costa de África Occidental. Iban en busca de oro. Se habían acostumbrado a conseguir oro en África del Norte. Ahora, los europeos querían comerciar con los africanos occidentales para obtener oro y marfil.

Artículos del comercio entre Europa y África	
Europa ⟶ África	**África ⟶ Europa**
Productos cobre, latón, ropa	**Productos** oro, algodón, marfil, pieles, objetos de metal
Cultivos alimentarios maíz, mandioca, ñame	**Cultivos alimentarios** ocra, sandía, arroz

Pero la situación cambió. En 1498, tres barcos portugueses navegaron por la costa oriental de África. La riqueza de las ciudades-estado que hallaron asombró a los portugueses. Enviaron más barcos a África Oriental —esta vez, para apropiarse de los territorios—. Portugal controló la costa de África Oriental hasta el siglo XVII. ✓

Pronto, holandeses, franceses e ingleses llegaron a África. Crearon centros de comercio en las costas de África. Los holandeses construyeron uno en el **Cabo de Buena Esperanza**. Poco después llegaron los colonizadores. Se mudaron tierra adentro y construyeron casas y granjas. A medida que los europeos se diseminaban, la relación entre africanos y europeos empeoró. El comercio de esclavos, en particular, lesionó mucho a los africanos.

La trata de esclavos en el Atlántico

Los colonos europeos en las Américas querían obreros para sus minas y **plantaciones**. Para no contratar trabajadores, los colonos usaban obreros esclavizados. Al principio, esclavizaron nativos americanos. Pero muchos murieron y enfermaron. Otros escaparon. ✓

Así que los colonos esclavizaron a africanos. Sabían que eran agricultores, mineros y orfebres hábiles. Y como vivirían en tierras lejanas, no podrían escapar fácilmente.

> **Términos clave**
>
> **Cabo de Buena Esperanza** *s.* punta de tierra en el extremo sur de Cabo Península, Sudáfrica
>
> **plantación** *s.* vasta granja que desarrolla cultivos comerciales

Para 1780, cerca de 80,000 esclavos africanos cruzaban
cada año el Atlántico. No tenían suficiente alimento, agua
30 o espacio. Hasta la quinta parte de los esclavos moría
durante el viaje.

Olaudah Equiano fue más afortunado que muchos
esclavos. Fue capturado y vendido en una subasta de
esclavos en 1756, cuando tenía 11 años. En esa época,
35 tuvo oportunidad de comprar su libertad. Pero para la
mayoría de los esclavos, la libertad no era sino un sueño.

Algunos nativos africanos se enriquecieron con la
venta de esclavos. Pero en general, la trata de esclavos
fue un desastre para África. África Occidental perdió a
40 muchos de sus habitantes. Las familias fueron divididas.
Muchas sociedades africanas se desintegraron.

Los europeos colonizan África

La trata de esclavos terminó a mediados del siglo XIX.
Pero entonces, los europeos comenzaron a apropiarse de
los recursos naturales de África. Querían recursos para
45 operar las fábricas que construían en Europa. ✓

Los países europeos querían evitar una guerra por
disputarse los recursos de África. En 1884, los líderes
europeos establecieron reglas para reclamar territorios
africanos. En 1900, los europeos habían **colonizado** gran
50 parte de África. Esta competencia por tierras africanas
recibió el nombre de "la disputa de África". En 1914, sólo
Etiopía y Liberia conservaban su libertad.

La disputa de África ocasionó problemas a largo
plazo. Los africanos tenían poco poder en los gobiernos
55 coloniales. Y los europeos se apropiaron de las mejores
tierras. También fomentaron conflictos entre distintos
grupos africanos.

Preguntas de repaso

1. ¿Qué deseaban de África Occidental los portugueses?

____

____

2. ¿Qué efectos tuvo en África la trata de esclavos?

____

____

Términos clave

Olaudah Equiano *s.* activista que se opuso a la esclavitud y
escribió un relato sobre su vida de esclavo

colonizar *v.* establecerse en un área y controlar su gobierno

---

Objetivo de la destreza de lectura

Elige una de las preguntas que formulaste antes. Ahora respóndela basándote en lo que has leído.

Respuesta:_______________________

____

____

✓ Verifica tu lectura

¿Por qué los europeos siguieron interesados en África después que terminó la trata de esclavos?

____

____

____

Estrategia de vocabulario

Mientras lees esta sección, busca una palabra que te resulte nueva o se utilice de manera distinta a la habitual. Consulta un diccionario para averiguar su significado. Escribe la palabra en los siguientes espacios, seguida de una breve explicación. (Usa una palabra distinta de los términos clave escritos en color azul.)

____

____

____

✓ Verifica tu lectura

¿Cuál era el objetivo de los partidos políticos africanos de principios del siglo XX?

____

____

____

✓ Verifica tu lectura

¿Qué regiones de África fueron invadidas durante la Segunda Guerra Mundial?

____

____

____

Crece el nacionalismo

Muchos africanos deseaban su independencia. Pero los europeos que gobernaban colonias africanas no veían como iguales a los africanos. Además, las potencias coloniales habían definido fronteras que mezclaban diversas naciones y grupos étnicos. Algunos grupos no se llevaban bien. Los líderes africanos opinaban que tenían que crear unidad y orgullo para poner fin al régimen colonial.

El **nacionalismo** aumentó a principios del siglo XX. Los africanos de Sudáfrica y África occidental británica formaron nuevos partidos políticos. Querían que los africanos tuvieran derechos, como el de votar. ✓

En la década de 1920 comenzó el **panafricanismo**. Los miembros de este movimiento social creían que todos los africanos debían colaborar para conseguir sus derechos y libertades. Muchas personas apoyaron este movimiento.

Un gran líder panafricano fue Léopold Senghor, de Senegal. Él alentó a los africanos a estudiar sus tradiciones y sentir orgullo por su cultura. Cuando Senegal se independizó, en 1960, Senghor fue el primer presidente.

África y la Segunda Guerra Mundial

Durante la Segunda Guerra Mundial, los italianos invadieron Etiopía. Alemanes e italianos también invadieron África del Norte, que entonces estaba bajo el control de Gran Bretaña y Francia. Miles de soldados africanos combatieron para ayudar a los Aliados a ganar la Segunda Guerra Mundial. ✓

Los Aliados

Gran Bretaña
Francia
Estados Unidos

Las naciones africanas también apoyaron a los Aliados en otros sentidos. Liberia y el Congo Belga proporcionaron caucho y otros recursos necesarios. Los aviones aliados usaban campos de aterrizaje africanos para llevar pertrechos a Asia. Al final, la Segunda Guerra Mundial y la causa libertaria inspiró a muchos africanos a luchar también por la libertad de sus países.

Términos clave

nacionalismo *s.* sentimiento de orgullo por el país propio; identidad de un grupo como miembro de una nación

panafricanismo *s.* concepto de que todos los africanos debían trabajar unidos por sus derechos y libertades

Diferentes caminos hacia la independencia

La Segunda Guerra Mundial debilitó las economías de
potencias coloniales como Francia y Gran Bretaña. La
guerra también creó incertidumbre acerca de la necesidad
de mantener el colonialismo. Muchos británicos opinaban
que el gobierno colonial era excesivamente costoso.

Ya que cada vez más africanos exigían su libertad, las
naciones europeas comenzaron a renunciar a sus colonias.
Algunos países lo hicieron pacíficamente. Gran Bretaña
concedió la independencia a Ghana. Pero Argelia, colonia
francesa, tuvo que luchar por su libertad.

A inicios de la década de 1950, Kwame Nkrumah
dirigió huelgas pacíficas y **boicots** contra el régimen
británico en Costa del Oro. Los británicos encarcelaron
varias veces a Nkrumah, pero las protestas seguían. En
1957, obtuvieron su independencia. El nuevo país adoptó
el nombre de Ghana. Nkrumah fue elegido presidente.

Para los franceses, Argelia era parte de Francia. Los
argelinos no coincidían. Iban a combatir por el derecho
de gobernarse solos. La guerra estalló en 1954. En 1962,
los argelinos ganaron la guerra y su independencia. ✔

Muchos de los gobiernos africanos nuevos eran
inestables. En algunos, los líderes militares tomaron el
control por la fuerza. Los regímenes militares no siempre
gobiernan con justicia. Pero muchas partes de África
tienen una larga tradición de **democracia**. En una democracia, los ciudadanos influyen en las decisiones del
gobierno. Muchos africanos consideran que hace falta
tiempo para construir naciones estables. Hoy en día, la
mayoría de los países africanos tiene menos de 50 años.

Preguntas de repaso

1. ¿Cuándo comenzó a crecer el nacionalismo en África?

2. ¿Cómo contribuyó la Segunda Guerra Mundial a la
independencia africana?

Términos clave

boicot *s.* rechazo a comprar o usar ciertos productos o servicios
democracia *s.* un gobierno sobre el que los ciudadanos ejercen
el poder

✔ Verifica tu lectura

¿Cómo obtuvo Argelia su independencia?

Objetivo de la destreza de lectura

Lee el párrafo entre corchete.
¿Qué sabes ya acerca de la
democracia que te ayude a comprender por qué se necesita
tiempo para lograrla?

Resumen de la Sección 5

Asuntos económicos

Los europeos que gobernaban las colonias veían a África como un lugar donde podían obtener las materias primas que necesitaban. No creían necesario construir fábricas en el continente. Muchos de los países africanos de hoy tienen pocas fábricas e industrias manufactureras. Sus economías se basan en la agricultura y la minería. ✓

La agricultura es la principal actividad económica de África. Se practican dos formas de agricultura. Una es la agricultura de subsistencia. Los agricultores de subsistencia producen alimento para sus familias. La otra variedad es la **agricultura comercial**. Los agricultores comerciales desarrollan cultivos comerciales para su venta. Los cultivos comerciales incluyen café, cacao y bananas.

La minería también es vital en África. Muchos países tienen abundantes minerales que venden a otros países.

Casi 75 por ciento de los países africanos tienen economías especializadas. Es decir, dependen de la exportación o venta de uno o dos productos. Cuando baja el precio de estos productos, los países resultan afectados porque disponen de pocos medios adicionales para ganar dinero. Hoy en día, las naciones africanas tratan de diversificar sus economías. Esto se traduce en la exportación de más productos. Los países se diversifican desarrollando cultivos diversos o creando industrias nuevas.

África tiene el problema de alimentar cada vez a más personas. Una solución es aumentar el tamaño de los cultivos. Por ejemplo, desde fines de la década de 1990, los africanos occidentales han sembrado arroz **híbrido**. Este arroz combina las mejores características del arroz africano y el arroz asiático. Así se produce más arroz.

Asuntos sociales

A menudo, los niños africanos tienen que trabajar. Al ir a la escuela, sus familias pierden ingresos. Como las familias saben que la educación mejorará la vida de sus hijos, muchas están dispuestas a sacrificar ese ingreso.

Términos clave

agricultura comercial *s.* producción de cultivos en gran escala para la venta

híbrido *s.* planta creada mediante la cruza de diferentes variedades de la misma planta

---

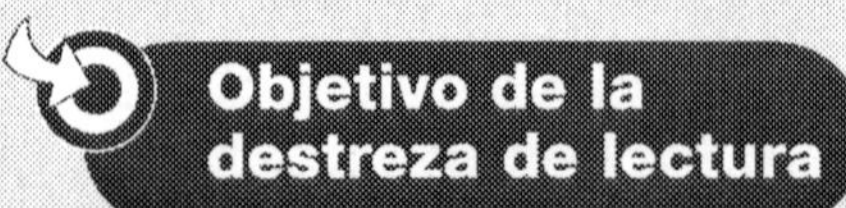

¿Cuáles son las dos actividades en que se basan la mayor parte de las economías africanas?

____

____

Objetivo de la destreza de lectura

Haz una predicción sobre la posibilidad de que las economías africanas puedan seguir basándose en la agricultura y la minería.

Predicción:_____________________

____

____

Sigue leyendo para averiguar si tienes razón.

Las comunidades africanas dan verdadero apoyo a sus escuelas. Los padres han ayudado a construir escuelas cuando el gobierno no podía hacerlo por su cuenta. Muchas escuelas tienen demasiados estudiantes. A veces, los estudiantes se turnan para tomar clases. También ayudan a limpiar las escuelas y sus terrenos.

Las escuelas están haciendo un buen trabajo. Desde su independencia, en las naciones africanas cada vez hay más personas alfabetizadas, es decir, que saben leer y escribir.

Al igual que la educación, la salud es un reto para África. Por ejemplo, la expectativa de vida difiere de un país a otro. En Marruecos, la expectativa de vida es de 67 a 72 años. En Botswana, las personas viven cerca de 32 años.

Las principales causas de la corta expectativa de vida en África son las enfermedades infantiles. Los insectos y el agua dulce propagan enfermedades. Millones de africanos nacen con VIH, el virus del SIDA. Millones más de adultos mueren de SIDA antes de cumplir 50 años. ✓

El medio ambiente

Los países de África enfrentan desafíos ambientales. No hay suficientes tierras cultivables. Casi dos tercios del territorio son desiertos o suelos áridos. Los agricultores no pueden depender de temporadas de lluvia normales.

A menudo, la gente corta árboles para crear más tierras agrícolas o vender la madera. Pero esto causa la erosión y pérdida del suelo. Y esto reduce aún más las tierras agrícolas. Sin suficientes tierras agrícolas, muchos africanos podrían morir de hambre. Los agricultores también han tratado de evitar la erosión del suelo plantando árboles en campos de cultivo para fijar la tierra. ✓

Preguntas de repaso

1. ¿Por qué las naciones africanas diversifican sus economías?

2. ¿Qué problemas de salud tienen los africanos?

Términos clave

alfabetizado *adj.* que puede leer y escribir
expectativa de vida *s.* tiempo promedio que se espera pueda vivir una persona

---

✓ Verifica tu lectura

¿Cuál es la razón principal de la baja expectativa de vida en África?

✓ Verifica tu lectura

¿Qué causa la erosión del suelo?

1. ¿Cuál es la región actual donde la mayoría de los grupos étnicos habla una lengua bantú?
   A. África del Norte
   B. África Oriental
   C. África Occidental
   D. África Central y del Sur

2. ¿Qué civilización mercante se localizaba en África Occidental?
   A. Cartago
   B. Mombasa
   C. Malí
   D. Kilwa

3. A veces, la colonización europea de África recibe el nombre de
   A. "la disputa de África".
   B. "la trata de esclavos en el Atlántico".
   C. "el movimiento panafricano".
   D. "el movimiento nacionalista".

4. ¿Cuáles eran los ideales del movimiento panafricano?
   A. que todos los africanos vivieran libres de la esclavitud
   B. que todos los africanos se unieran para exigir sus derechos y libertades
   C. que sólo los africanos vivieran en África
   D. que los europeos construyeran fábricas en África

5. ¿Cuál de las siguientes oraciones es verdadera acerca de la cantidad de africanos alfabetizados?
   A. Todos los africanos están alfabetizados.
   B. La cantidad de personas alfabetizadas ha aumentado desde la independencia.
   C. La cantidad de personas alfabetizadas no ha cambiado desde la independencia.
   D. La cantidad de personas alfabetizadas varía de un país a otro.

Pregunta de respuesta corta

¿Cómo ayudó la Segunda Guerra Mundial al movimiento por la independencia africana?

____

____

____

____

Los elementos de la cultura

La cultura incluye muchos elementos. Alimento, ropa, viviendas, empleos y lenguaje. También incluye elementos que no pueden verse con facilidad. Por ejemplo, la cultura incluye las creencias de las personas y la forma como perciben el mundo. ✓

Distintas culturas pueden tener cosas en común. Pueblos que viven en diferentes partes pueden hablar la misma lengua, vestir ropas parecidas o tener el mismo tipo de vivienda. Por ejemplo, en Marruecos, México y Estados Unidos hay personas que viven en casas de adobe.

Religión y cultura en África del Norte

África del Norte abarca los países de Egipto, Libia, Túnez, Argelia y Marruecos. Estos pueblos tienen diferentes orígenes y estilos de vida. La lengua arábiga y la religión islámica permiten la unión de estos pueblos.

Más de 95 por ciento de los africanos del norte son musulmanes. Ellos llaman *Alá* a Dios. El islam fue fundado por Mahoma. Los musulmanes creen que Mahoma fue un profeta, es decir, un hombre que habla por Dios.

Los musulmanes consideran que el Corán es la palabra de Dios. El Corán contiene diferentes escritos: historias, promesas e instrucciones. Es el conocimiento de Dios, pero también una guía para la vida. El Corán prohíbe mentir, robar y matar. Dice que los musulmanes no deben apostar, comer carne de cerdo o beber alcohol.

La ley islámica se fundamenta en el Corán. Rige muchos ámbitos de la vida como la familia, los negocios y el gobierno. Ya que muchos africanos del norte son musulmanes, la ley islámica influye en las culturas de la región.

La mayoría de los africanos del norte son árabes. La región a veces se considera parte del mundo árabe. Sin embargo, también hay otros grupos étnicos. El más numeroso es el de los beréberes.

Términos clave

cultura *s.* forma de vida de las personas que comparten costumbres y creencias semejantes

Corán *s.* libro sagrado del islam; también se conoce como *Alcorán*

Estrategia de vocabulario

Las siguientes palabras aparecen en esta página. Cada una contiene una raíz. Encierra en un círculo las palabras del texto conforme las encuentres. Luego, subraya las raíces de estas palabras.

diferente

arábiga

instrucciones

gobierno

✓ Verifica tu lectura

Menciona algunos elementos de la cultura que puedan apreciarse con facilidad.

____

____

____

Objetivo de la destreza de lectura

Lee el párrafo entre corchete. ¿Qué tienen en común los distintos pueblos de África del Norte?

____

____

✓ Verifica tu lectura

¿Cuáles son los dos grupos étnicos más numerosos de África del Norte?

____

____

✓ Verifica tu lectura

¿Qué convirtió a África del Norte en el centro del comercio?

____

____

____

Viven principalmente en Argelia y Marruecos. La mayoría habla beréber y árabe. Casi todos son musulmanes. ✓

35 Muchos beréberes viven en ciudades. Otros viven en pequeñas aldeas de las regiones montañosas. Practican el pastoreo y la agricultura. Quienes viven en el Sahara practican el pastoreo y el comercio.

En algunas partes de África del Norte, los habitantes 40 llevan un estilo de vida tradicional, semejante al de sus padres y abuelos. En las ciudades, las personas llevan estilos de vida tanto tradicional como moderno.

Cambio cultural en África del Norte

La cultura cambia a menudo. Por ejemplo, cuando las personas viajan, comparten sus ideas y costumbres. También 45 aprenden ideas y costumbres nuevas. El resultado es la **difusión cultural**, es decir, la divulgación de la cultura.

Con el tiempo, la difusión cultural en África del Norte se ha dado por el comercio. La ubicación de África del Norte la ha convertido en un centro de comercio para 50 pueblos de Europa, Asia y África. A medida que los pueblos de estas regiones comerciaban con sus productos, también aprendían sobre la cultura de los demás. ✓

La conquista trajo consigo la difusión cultural y el cambio. África del Norte fue hogar de los antiguos egipcios, 55 quienes conquistaron y fueron conquistados. Conforme el poder cambiaba de manos, había mayor difusión cultural.

En fecha más reciente, África el Norte ha tenido influencia de la cultura occidental. La cultura occidental abarca las culturas de Europa y América del Norte. Algunos 60 musulmanes temen que sus países estén volviéndose demasiado occidentales. Temen perder los valores y las tradiciones musulmanas. Quieren proteger sus tradiciones.

Preguntas de repaso

1. ¿Cuáles son algunos elementos de la cultura?

____

____

2. ¿Cómo ha influido el islam en las culturas de África del Norte?

____

____

Término clave

difusión cultural *s.* divulgación de costumbres e ideas de una cultura a otra

CAPÍTULO 13

Resumen de la Sección 2

Diversidad cultural en África Occidental

África Occidental es famosa por su diversidad cultural. Allí viven cientos de grupos étnicos que no tienen una religión o lengua común. Los africanos occidentales hablan cientos de lenguas.

Para poder comunicarse, la mayoría de los africanos occidentales aprende a hablar más de una lengua. Algunos hablan cuatro o cinco idiomas. Esto permite unir a los numerosos grupos étnicos de un país.

Los pueblos de África Occidental también difieren en otros sentidos. Realizan diferentes tipos de trabajos. Viven de manera distinta. Por ejemplo, en el campo, la aldeas están rodeadas de tierras agrícolas. En el Sahara y el Sahel, muchas personas crían ganado. En la costa, la mayoría se gana la vida pescando. Algunos africanos occidentales viven en grandes ciudades y trabajan en hospitales, hoteles o edificios de oficinas. ✔

Familias de África Occidental

El parentesco, es decir los lazos familiares, son muy importantes para los africanos occidentales.

Grados de parentesco			
familia nuclear: padres + hijos	familia extendida: padres + hijos + otros parientes (como abuelos, tías, tíos o primos)	linaje: grupo de familias que comparten un antepasado, como un tatarabuelo	clan: grupo de linajes

Muchas veces, los miembros de la familia extendida viven, trabajan y toman decisiones en conjunto. También cuidan unos de otros y ayudan a sus vecinos. ✔

Términos clave

diversidad cultural *s.* gran variedad de culturas

parentesco *s.* relación familiar

familia nuclear *s.* parte de una familia que sólo incluye a los padres y sus hijos

familia extendida *s.* parte de una familia que incluye a los padres, sus hijos y otros parientes

linaje *s.* grupo de familias que descienden de un antepasado común

clan *s.* grupo de linajes

✔ Verifica tu lectura

Menciona dos ejemplos de la diversidad cultural de África Occidental.

1. _______________________

2. _______________________

Objetivo de la destreza de lectura

Contrasta la familia nuclear con la familia extendida. ¿Cuál es la diferencia?

____

____

____

✔ Verifica tu lectura

¿Qué responsabilidades tienen entre sí los miembros de una familia extendida?

____

____

____

Las siguientes palabras aparecen en esta página. Cuando encuentres cada una de ellas, busca una sílaba y una raíz. Encierra en un círculo la sílaba. Luego, subraya la parte restante de la palabra. ¿Has reconocido una raíz?

urbanización

ganaron

tradicional

¿Qué hace un *griot*?

____

____

____

En el campo, muchos africanos occidentales identifican el linaje y el clan al que pertenecen. Lo hacen de dos maneras. En algunas sociedades, el linaje del individuo
25 es el linaje de la madre. La persona hereda tierras y animales sólo a través del linaje materno. En otras sociedades, el linaje del individuo es el linaje del padre.

La vida familiar está cambiando en África Occidental. Cada vez más personas abandonan el campo para vivir
30 en regiones urbanas o ciudades. Esto se conoce como urbanización. Muchos jóvenes van a las ciudades a buscar empleo. Las mujeres suelen quedarse en el campo. Ahí crían a sus hijos y cultivan la tierra. Los hombres regresan a casa para visitar a sus familias y compartir el
35 dinero que ganaron.

Mantienen vivas las tradiciones

Debido al cambio cultural, muchos africanos occidentales opinan que es importante trasmitir su historia, sus valores y tradiciones a los jóvenes. Una forma de hacerlo es contando cuentos. Los cuentos tradicionales de África
40 Occidental no están escritos, sino que se trasmiten de viva voz. El cuentista recibe el nombre de *griot*. El *griot* usa el cuento para comunicar tradiciones antiguas a las nuevas generaciones. ✓

Las tradiciones de África Occidental han recibido
45 influencias de otras culturas, en especial la estadounidense. Muchos esclavos africanos que fueron llevados a Estados Unidos, regresaron a África Occidental. Llevaban consigo sus ideas, historias, danzas, música y costumbres. Dos tipos de música —blues y jazz— tienen raíces en la
50 música africana occidental.

Preguntas de repaso

1. ¿Por qué muchos africanos occidentales hablan más de un idioma?

____

____

____

2. ¿Cuál es la importancia de los cuentos para la cultura africana occidental?

____

____

____

Geografía y diversidad cultural

África Oriental tiene una gran diversidad cultural debido, en gran medida, al contacto con otras culturas. Por ejemplo, los africanos orientales han aprendido de otras culturas a través del comercio. África Oriental se encuentra en la costa occidental del océano Índico. Al otro lado de este océano, en el oriente, viven árabes, hindúes y asiáticos. Desde hace mucho, los pueblos de ambos lados del océano Índico lo han usado para viajar y comerciar.

Hace casi 2,000 años, mercaderes árabes comenzaron a establecerse en la costa de África Oriental. Con el tiempo, los estilos de vida árabe y africano se combinaron para dar origen a una nueva cultura, la suahili. Una de las ventajas del pueblo suahili es su gran capacidad para adaptarse a otras culturas. Al mismo tiempo, tratan de mantener viva su herencia y trasmitirla a generaciones posteriores.

Desde hace mucho, los suahili han vivido en la costa de África Oriental, desde Somalia hasta Tanzania. También hay otros centenares de grupos étnicos en África Oriental. Sin embargo, los grupos étnicos de toda la región usan la lengua suahili para comunicarse entre sí. En Tanzania, los niños reciben su educación elemental en suahili. Más adelante, también aprenden inglés. Al fomentar el aprendizaje del suahili, las naciones de África Oriental ayudan a mantener viva la herencia de sus pueblos. Esto permite unir a pueblos muy diversos.

Aunque la mayoría de los pueblos africanos orientales habla suahili, también existen muchas otras lenguas. Un individuo puede hablar tres o más de ellas. Tan sólo en Sudán se hablan alrededor de 1,000 lenguas. ¿Recuerdas lo que leíste sobre las migraciones bantú? Muchas migraciones han introducido grupos e idiomas diferentes en África Oriental.

Estrategia de vocabulario

Las siguientes palabras aparecen en esta página. Cada una contiene una raíz. Encierra en un círculo las palabras del texto. Luego, escribe la raíz junto a cada una de las siguientes palabras.

cultural ___________________

fomentar ___________________

migraciones ___________________

Objetivo de la destreza de lectura

En el párrafo entre corchete, ¿qué palabra señal muestra un contraste entre el uso de suahili y el de las otras lenguas que se hablan en África Oriental?

____

____

Términos clave

suahili *s.* grupo étnico de África Oriental que se deriva de una combinación de estilos de vida africano y árabe, ocurrida hace más de 1,000 años; también es un idioma

herencia *s.* valores, tradiciones y costumbres que los antepasados trasmiten a las nuevas generaciones

Los africanos orientales practican distintas religiones. ³⁵Los mercaderes árabes llevaron el islamismo a la región. El cristianismo llegó a Etiopía de África del Norte. Cuando los europeos llegaron a África Oriental, diseminaron aún más el cristianismo. Muchos pueblos de África Oriental practican religiones tradicionales. ✓

Cambian las ideas respecto de la tierra

⁴⁰Antes del siglo XIX los africanos, de manera individual, no podían vender o comprar tierras. De hecho, no existía el concepto de comprar tierras. En vez de ello, el derecho de trabajar la tierra pertenecía a las familias; y con el tiempo, hasta podían sembrar diferentes parcelas.

⁴⁵En general, las familias extendidas trabajaban la tierra para producir el alimento de todos. Los hombres limpiaban y labraban el suelo. Las mujeres sembraban semillas, cuidaban los campos y recogían las cosechas mientras los hombres pastoreaban animales o comerciaban. ✓

⁵⁰Los colonizadores europeos llegaron en el siglo XIX. Difundieron el concepto de que un individuo podía tener tierras. En algunas partes de África Oriental, los británicos establecieron plantaciones. Cuando muchos países africanos se independizaron, sus gobiernos vendieron ⁵⁵partes de las plantaciones a ciudadanos individuales.

Hoy en día, la mayoría del territorio de África Oriental es propiedad privada. Gran parte de las tierras que no han sido vendidas son inadecuadas para la agricultura. Muchas personas quieren poseer tierras para cultivarlas. Así que ⁶⁰han estallado conflictos por las tierras.

Para muchos africanos, la tierra en que crecieron es importante, pero África Oriental es cada vez más urbana. Quienes pasan mucho tiempo en las ciudades, vuelven a sus aldeas al envejecer. Eso hizo el ex presidente de ⁶⁵Tanzania, Julius Nyerere. Tras su retiro en 1985, regresó a su aldea natal.

Preguntas de repaso

1. ¿Cómo ha afectado el océano Índico a la cultura africana oriental?

____

____

2. ¿Cuándo surgió el concepto de la propiedad individual de tierras en África Oriental?

____

____

Diversidad en África del Sur

Como el resto del continente, África del Sur tiene una gran diversidad cultural. La mayoría de la población es africana negra. Está compuesta de diversos grupos étnicos. También hay personas de ascendencia europea. De hecho, En África del Sur hay más miembros de este grupo que en cualquier otra región de África.

A los europeos les gustaba África del Sur por varias razones. En el siglo XVI, los portugueses fueron a Mozambique. Pudieron participar en la trata de esclavos. En el siglo XVII, colonos holandeses y británicos se establecieron en el extremo sur de África. Cultivaban trigo y criaban ganado. Algunos holandeses también se establecieron más al norte, donde iniciaron una industria minera. Usaban obreros africanos. Los británicos también se desplazaron hacia el norte.

Hoy en día, hay tres importantes grupos que descienden de europeos en África del Sur. Uno desciende de colonizadores británicos. Estas personas hablan inglés. Otro grupo son los afrikaners, que descienden de colonos holandeses. Hablan afrikan, que está relacionado con el idioma holandés. El tercer grupo desciende de los colonos portugueses y hablan portugués. ✔

La diversidad cultural de África del Sur también es evidente en las grandes diferencias entre la vida de las ciudades y la vida en el campo. Los colonizadores europeos iniciaron el proceso de construir grandes ciudades. En la actualidad, la región incluye varias ciudades de más de un millón de habitantes.

Sudáfrica es el país más rico, urbanizado e industrializado de África. En el siglo XX, sus industrias crearon una gran demanda de obreros. Cientos de miles de obreros migratorios salieron de los países vecinos para trabajar en las minas de Sudáfrica. Tenían que vivir juntos en recintos, lejos de sus familias, clanes y grupos étnicos. Trabajaban muchas horas en condiciones peligrosas y ganaban poco dinero.

Términos clave

obrero migratorio *s.* trabajador que abandona su lugar de origen para buscar empleo

recinto *s.* grupo de casas rodeado de cercas

Estrategia de vocabulario

Las siguientes palabras aparecen en esta página. Cada una contiene una raíz. Subraya las raíces de las palabras. Escribe la raíz junto a cada palabra.

diversidad ______________

minería ______________

creación ______________

industrializada ______________

✔ Verifica tu lectura

Menciona los tres principales grupos de personas de ascendencia europea que viven en África del Sur.

____

____

____

La mayoría de los obreros que emigró a Sudáfrica eran
hombres. Las mujeres habitualmente criaban a sus hijos y
trabajaban la tierra. Pero como los hombres abandonaban
40 el hogar por un año o más, las mujeres tomaban las decisiones de su familia y la comunidad. Para muchas, esto
era un gran desafío. Pero también las ayudó a adquirir
nuevos derechos y destrezas.

La vida en África Central

Como en el resto del continente, África Central tuvo
45 grandes cambios culturales en el siglo XX. Aunque
muchos pueblos conservan sus antiguas tradiciones.

Una causa de la diversidad cultural de África Central
es el dinero. Hay grandes reservas de petróleo en la costa
del Atlántico. Las ciudades cercanas a la costa han
obtenido casi toda la riqueza derivada de la industria del
petróleo. Asimismo, los pueblos que viven cerca de la
costa tienen mayor contacto con culturas del exterior.

Hay mayor pobreza lejos de la costa hacia las regiones
del interior de África Central. En el interior, las aldeas
están organizadas en grupos de parentesco. La tierra es
propiedad de los clanes. En áreas donde hay menos personas, cada familia vive y trabaja su propia tierra.

África Central tiene gran diversidad étnica. La República Democrática del Congo posee 200 grupos étnicos.

60 La ciudad más grande del Congo es Kinshasa. Millones
de personas viven en sus vecindarios, pobres y atiborrados
o en apartamentos de ladrillos de ceniza. Trabajan en fábricas, oficinas y hoteles. Otros viven en el campo.

Los africanos centrales practican diferentes religiones.
65 Algunos son católicos romanos o protestantes. Otros
practican religiones que combinan el cristianismo con
creencias africanas tradicionales. Otros son musulmanes.
Lo viejo, lo nuevo y una combinación de ambos puede
verse en todas las regiones de África. ✓

Preguntas de repaso

1. ¿Quiénes iniciaron el proceso de construir grandes
   ciudades en África del Sur?

2. ¿Qué industria ha dado riqueza a algunas naciones de
   la costa atlántica de África Central?

Objetivo de la destreza de lectura

Lee los párrafos entre corchete. ¿Cuáles son las diferencias entre la costa de África Central y las regiones del interior?

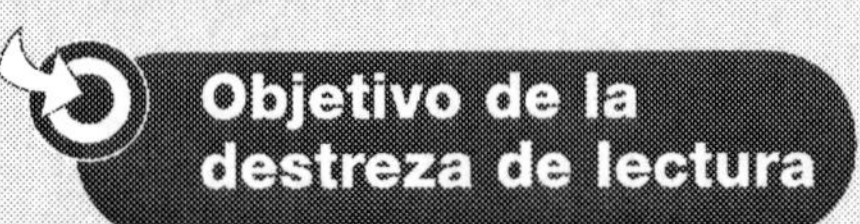

____

____

____

✓ Verifica tu lectura

Menciona algunos ejemplos de las diferencias religiosas de África Central.

____

____

1. ¿Cuál de las siguientes oraciones es verdadera?
   A. La difusión cultural sólo ocurre en las costas.
   B. En general, África tiene poca diversidad cultural.
   C. Los cambios culturales a menudo se deben al comercio y los viajes.
   D. Difusión cultural y diversidad cultural son la misma cosa.

2. ¿Qué proporción de la población de África del Norte es musulmana?
   A. 5 por ciento
   B. 50 por ciento
   C. 80 por ciento
   D. 95 por ciento

3. Un medio importante para mantener viva las tradiciones de África Occidental es
   A. la escuela.
   B. los libros.
   C. los cuentos.
   D. la televisión.

4. El concepto de que un individuo puede tener tierras se diseminó por África Oriental debido a
   A. los etíopes.
   B. los árabes.
   C. los suahili.
   D. los europeos.

5. Un grupo de personas de ascendencia europea que viven en África del Sur son
   A. los suahili.
   B. los afrikaners.
   C. los beréberes.
   D. los tuareg.

Pregunta de respuesta corta

¿Qué es cultura?

____

____

____

____

____

El islam en Egipto

Egipto se encuentra en África del Norte, frente a Arabia Saudita en el lado contrario del mar Rojo. La mayoría de los egipcios son musulmanes. Pero también hay cristianos. En su mayoría, pertenecen a la Iglesia Copta. Es una de las ramas cristianas más antiguas del mundo. Se estableció en Egipto varios siglos antes que el islamismo.

El Corán dicta que los musulmanes recen cinco veces al día. Muchos egipcios oran en mezquitas. Mientras lo hacen, se colocan de cara al sureste, donde se encuentra la ciudad santa de la Meca. La Meca está en Arabia Saudita. Muchos niños egipcios toman lecciones de religión en las mezquitas. Aprenden a leer y memorizar el Corán. ✓

El Corán también enseña algo llamado **sharia**. La sharia es el conjunto de leyes del islam. Los musulmanes tratan de vivir cada día respetando las leyes de la sharia.

La mayoría de los musulmanes egipcios considera que las leyes del país deben basarse en las leyes del islam. Ahora, la constitución egipcia nombra la sharia como la fuente principal de las leyes de Egipto. No obstante, algunas leyes egipcias no se derivan de la sharia.

Vida cotidiana en Egipto

En las ciudades egipcias hay casi tantas personas como en el campo. El estilo de vida es diferente, dependiendo de si la persona vive en una ciudad o una aldea. Pero algo que todos tienen en común es que su supervivencia depende del río Nilo.

La mayoría de los egipcios vive junto al río o en la región del Delta del Nilo. Gracias a la Gran Presa de Asuán, el Nilo permite que los agricultores irriguen sus cultivos todo el año. El río proporciona agua a los habitantes de las ciudades y el campo.

Término clave

sharia *s.* ley islámica basada en las palabras y obras de Mahoma, incluyendo comentarios escritos por eruditos y legisladores musulmanes

---

✓ Verifica tu lectura

¿Hacia qué ciudad vuelven la cara los musulmanes egipcios durante la oración?

____

____

____

Objetivo de la destreza de lectura

Lee los párrafos entre corchete. La mayoría de los egipcios vive cerca del río Nilo. ¿Cuál es la causa? ¿Cuál es el efecto?

Causa:_______________________

____

Efecto:_______________________

____

No obstante, hay un problema con el suministro de
agua en Egipto. La presa impide que el rico cieno del Nilo
35 llegue a las tierras agrícolas río abajo. Sin el cieno, el Delta
del Nilo ha comenzado a reducirse. Los agricultores deben
usar más fertilizantes para desarrollar sus cultivos. Los fertilizantes contaminan el agua de Egipto. Lo mismo que los
desechos de las ciudades que llegan al agua.

40 Casi la mitad de la población egipcia vive en ciudades.
La capital de Egipto, El Cairo, es además su ciudad más
grande. En ella viven 10 millones de egipcios. Algunas
partes de El Cairo tienen más de 1,000 años de antigüedad. Otras partes son muy modernas. La mayoría de las
45 personas vive en apartamentos con aire acondicionado.
Pero siguen haciendo sus compras en los tradicionales
bazares.

Casi todos los habitantes de las aldeas egipcias son
felás. Sólo unos cuantos felás son dueños de las tierras
50 que trabajan. Los demás alquilan las tierras ubicadas en
los angostos márgenes del río o trabajan los campos de
terratenientes ricos. ✔

Muchos felás viven en pequeñas casas construidas
con ladrillos de adobe o piedras. Las casas pueden tener
55 desde una hasta tres habitaciones y un patio. La familia
comparte el patio con sus animales. Las casas son de
techo plano. Los felás usan el techo para secar fruta, ropa
o almacenar comida y leña.

Preguntas de repaso

1. ¿Cómo afecta el islam la vida cotidiana de Egipto?

____

____

____

2. Menciona un aspecto común de la vida en las ciudades
y aldeas de Egipto.

____

____

____

Términos clave

Cairo, El *s.* la capital de Egipto y la ciudad más populosa de África
bazar *s.* mercado tradicional al aire libre, compuesto de tiendas
o filas de puestos
felás *s.* campesinos u obreros agrícolas de Egipto y otros países
árabes

Estrategia de vocabulario

Mientras lees esta página, encierra en un círculo la palabra compuesta que aparece en el texto.

✔ Verifica tu lectura

¿Qué tierra trabajan los felás?

____

____

Historia y población de Argelia

Con el paso de los años, muchos grupos extranjeros han gobernado Argelia. Los primeros invasores conocidos fueron los fenicios. Los fenicios eran mercaderes marinos de la actual región de Líbano. Llegaron a Argelia hace dos o tres mil años y establecieron allí un centro de comercio. Hoy en día la capital de Argelia, Argel, se levanta en el sitio donde se encontraba aquel centro de comercio.

En el siglo II d.C. los romanos invadieron Argelia. Los agricultores beréberes tuvieron que pagar impuestos a los romanos. También alquilaron las tierras de los nobles romanos. Luego, en el siglo VII d.C., los árabes comenzaron a establecerse por todo el territorio de África del Norte. El estilo de vida beréber comenzó a transformarse. Por ejemplo, la mayoría de los beréberes aceptó la religión árabe, el islam. Esto fomentó la paz en la región.

Las ciudades portuarias de la costa mediterránea de Argelia estuvieron controladas por distintos grupos en diferentes épocas. Algunos grupos eran españoles, piratas locales y turcos otomanos. En 1830, los franceses capturaron Argelia y la convirtieron en colonia francesa. Argelia logró independizarse de Francia en 1962. ✔

Hoy en día, cerca de 75 por ciento de la población argelina es árabe. Un 24 por ciento es beréber. Los demás son descendientes de europeos. Árabes y beréberes son musulmanes. Aunque muchos beréberes han mezclado el islam con creencias religiosas tradicionales.

Los idiomas principales del país son árabe, numerosas lenguas beréber y francés. Muchos argelinos hablan más de un idioma. El país tiene dos idiomas oficiales: el árabe y el tamazight, una lengua beréber.

Geografía de Argelia

La región costera de Argelia se llama Tell. Ahí vive la mayoría de los argelinos. Las mejores tierras agrícolas del país están en Tell. También allí se hallan casi todas las ciudades.

Las ciudades tienen mezquitas para el culto religioso y **zocos** para realizar compras. La parte antigua de las

---

Objetivo de la destreza de lectura

¿Qué palabra o frase del párrafo entre corchete indica una relación causa-efecto? Menciona la causa y el efecto.

____

____

____

✓ Verifica tu lectura

¿Qué grupos extranjeros han controlado Argelia?

____

____

____

Término clave

zoco s. mercado al aire libre en una ciudad árabe

ciudades se llama casbah. Las casas y tiendas del lugar
están muy cerca entre sí y bordean las estrechas y sinuo-
sas calles. Las partes nuevas de las ciudades son modernas, tienen calles amplias y edificios de acero y vidrio.

40   La mayoría de los beréberes vive en el campo. También
viven allí algunos árabes. Pero pocas de esas tierras son
adecuadas para desarrollar cultivos. Cerca de la tercera
parte de los argelinos se dedica a la agricultura. En las
montañas, los agricultores construyen terrazas para sus

45   cultivos. Las terrazas aumentan la cantidad de tierra cultivable. También impiden que la lluvia erosione el suelo.

     Más de 80 por ciento del territorio de Argel es desierto.
Se necesita agua para vivir en el desierto. Muchos argelinos que viven en el desierto, se han establecido en pobla-

50   ciones oasis. Allí cultivan dátiles o cítricos. Los nómadas
crían animales, como los camellos, adaptados al clima
desértico. Algunos habitantes del desierto trabajan para
compañías que producen petróleo y gas natural. Esos son
los dos recursos naturales más importantes de Argelia. ☑

Argelia en la actualidad

55   Algunas antiguas costumbres y tradiciones argelinas han
cambiado. La familia es importante. Pero las personas que
viven en ciudades tienen cada vez menos hijos que antes.

     Hoy en día, la educación en Argelia es mejor de lo que
fue en el régimen francés. Los niños de entre 6 y 15 años

60   deben asistir a la escuela. Allí estudian en árabe. Se han
empezado a construir nuevas universidades y algunas
personas salen del país para continuar sus estudios. ☑

Preguntas de repaso

1. ¿Cómo se refleja la historia de Argelia en los idiomas
que se hablan ahí actualmente?

2. ¿En qué región vive la mayoría de los argelinos?

Términos clave

casbah *s.* antigua y atestada sección de una ciudad de África el
Norte

terraza *s.* plataforma plana de tierra labrada en una ladera, sirve
para desarrollar cultivos en lugares empinados

✓ Verifica tu lectura

¿Qué hace la gente en el desierto
de Argelia para sobrevivir?

✓ Verifica tu lectura

¿Qué idioma se estudia en las
escuelas argelinas hoy en día?

1. La ciudad más grande de Egipto es
   A. El Cairo.
   B. Alejandría.
   C. Argelia.
   D. Tell.

2. ¿Qué es la sharia?
   A. las leyes de Egipto
   B. las leyes del islam
   C. el libro sagrado del islam
   D. el nombre del fundador del islam

3. El bazar egipcio y el zoco argelino son
   A. dos cultivos alimentarios importantes.
   B. mercados al aire libre.
   C. lugares de culto religioso.
   D. sistemas de agricultura en terrazas.

4. En 1962, Argelia se independizó de
   A. Francia.
   B. España.
   C. Gran Bretaña.
   D. los turcos otomanos.

5. ¿Qué tipo de vegetación cubre 80 por ciento del territorio argelino?
   A. sabana
   B. bosque tropical
   C. llanuras costeras
   D. desierto

Pregunta de respuesta corta

La Gran Presa de Asuán, en el río Nilo, tiene consecuencias positivas y negativas en la vida de Egipto. ¿Cuáles son?

____

____

____

____

Resumen de la Sección 1

Los grupos étnicos de Nigeria

Nigeria es una nación multiétnica. Más de 250 grupos étnicos viven en el país. El inglés es el idioma oficial. Pero las lenguas de los principales grupos étnicos nigerianos son las más usadas.

Grupos étnicos de Nigeria			
Hausa-Fulani	Yoruba	Igbo	Más de 250 grupos diferentes
• el más numeroso • viven en el noroeste	• segundo más numeroso • viven en el sudoeste	• tercero más numeroso • viven en el sudeste	• viven en el centro del país o dispersos en el territorio

5 A principios del siglo XIX, los fulani conquistaron a los hausa. Gobernaron a los hausa. Pero los fulani no impusieron su cultura. En vez de ello, muchos fulani adoptaron la lengua y las costumbres hausa. Asimismo, los fulani y los hausa practicaron el matrimonio mixto. 10 Ahora, los dos grupos se conocen como los hausa-fulani.

La mayoría de los hausa-fulani vive en el campo. Algunos pastorean ganado mientras que otros son agricultores o artesanos. El comercio ha sido importante para su economía desde que comenzaron a construir ciudades 15 mercantes en el norte de Nigeria, hace varios siglos.

Por cientos de años, los yoruba han sido el más urbano de los grupos étnicos de Nigeria. Empezaron a construir ciudades hacia el año 1100. Cada ciudad era gobernada por el rey y muchas personas vivían en las ciudades. ✔

20 Hoy en día, muchos yoruba viven fuera de las ciudades. A menudo son agricultores, mercaderes o artesanos. Las familias viven en recintos, cada recinto incluye varias casas alrededor de un patio común.

Durante gran parte de su historia, los igbo han vivido 25 en pequeñas aldeas agrícolas. En cada aldea hay un consejo de ancianos que gobierna de manera democrática. Muchos igbo han trabajado para el gobierno de Nigeria, ya sea a nivel de ciudades o nacional.

Términos clave

multiétnica *adj.* que hay muchos grupos étnicos en una sociedad

hausa-fulani *s.* el grupo étnico más grande de Nigeria

yoruba *s.* el segundo grupo étnico más grande de Nigeria

Objetivo de la destreza de lectura

¿Qué oración establece la idea principal del párrafo entre corchete?

____

____

____

Estrategia de vocabulario

La siguiente palabra aparece en esta página. Contiene un prefijo. Subraya el prefijo. Luego, consulta un diccionario para escribir la definición de la palabra.

impusieron

____

____

✔ Verifica tu lectura

¿Cuál de los grupos étnicos de Nigeria es el más urbano?

____

____

____

La historia de Nigeria

Por miles de años, la actual Nigeria fue gobernada por
30 muchos pueblos africanos distintos. Luego, a fines del
siglo XV, los europeos comenzaron a comprar esclavos
allí. En 1914, Gran Bretaña tenía el control de Nigeria.

En 1960, Nigeria se independizó. Su capital era Lagos.
Los centenares de grupos étnicos de la región siempre
35 habían vivido por separado. El gobierno quería ayudarles
a sentir que formaban parte del mismo país. Así que, en
1991, el gobierno mudó la capital a Abuja, porque se
encuentra en el centro del país, cerca de los tres grupos
étnicos más grandes. Además, en Abuja viven miembros
40 de muchos grupos étnicos. ✓

El camino de la democracia

No fue fácil conseguir que los numerosos grupos étnicos
de Nigeria se sintieran unidos en una misma nación. Los
grupos viven en áreas diferentes. Hablan distintas
lenguas y practican diversas religiones. Algunos tienen
45 recursos económicos y otros no. Poco después de la independencia, surgieron tensiones entre los grupos.

Una causa fue la religión. La mayoría de los hausa-
fulani es musulmana. Algunos yoruba son musulmanes y
otros cristianos. Los igbo son principalmente cristianos.
50 Algunos miembros de todas las etnias de Nigeria practican religiones tradicionales. A veces, semejantes diferencias religiosas causan conflictos. ✓

Otra fuente de tensión fue el petróleo del país. Casi
todo el dinero que recibe Nigeria procede de sus exporta-
55 ciones de petróleo. El gobierno y las compañías petroleras
obtienen grandes utilidades. Pero los pueblos cercanos a
los lugares donde se obtiene petróleo no se benefician.

Desde su independencia, muchos nigerianos han tratado de crear un gobierno demócrata. En 1999, Nigeria cele-
60 bró sus primeras elecciones en más de 15 años.

Preguntas de repaso

1. Da los tres grupos étnicos más numerosos de Nigeria.

____

____

2. Da dos razones para hacer de Abuja la capital de
Nigeria.

____

____

✓ Verifica tu lectura

¿Qué ciudad se convirtió en la
nueva capital de Nigeria en 1991?

____

✓ Verifica tu lectura

¿Qué religiones practican los
nigerianos?

____

____

____

Los años coloniales

1 Hasta 1957, la actual Ghana se llamaba Costa del Oro. Después que los europeos comenzaron a comerciar con oro y esclavos en la región, los miembros del grupo étnico akan formaron un reino. Este reino se llamó Asante y se enri-

5 queció con el comercio. Los asante trataron de impedir que los europeos se apoderaran de su reino. Pero en 1874, Gran Bretaña convirtió a Costa del Oro en una de sus colonias. Usó jefes para gobernarla.

Los británicos querían controlar la economía de la colo-

10 nia. Alentaron a los agricultores a cultivar cacao. Con el cacao producían polvo de cacao que exportaban a Gran Bretaña. Allí transformaban el polvo de cacao en chocolate. Los británicos también exportaban madera y oro. ✓

Como los africanos de Costa del Oro estaban ocupados en generar estos productos, dejaron de desarrollar cultivos alimentarios. Esto provocó un problema. La gente no podía producir suficiente alimento por su cuenta. Por ello, comenzaron a importar comida.

Los británicos obtenían ganancias con el polvo de cacao, pero no las compartían con los habitantes de Costa del Oro. Y como la gente dedicaba el tiempo disponible a la agricul-tura, pasaba menos tiempo produciendo artesanías tradi-cionales. Los habitantes de Costa del Oro debían comprar bienes hechos en las fábricas británicas.

25 Los británicos también cambiaron la cultura de Costa del Oro. Por ejemplo, construyeron escuelas e introdujeron el cristianismo. Llevaron consigo nuevas ideas y formas de hacer las cosas, introduciéndolas en las comunidades tradi-cionales. Muchas personas combinaron los nuevos usos

30 con las antiguas costumbres africanas.

En busca de la independencia

Durante el siglo XX, las colonias africanas comenzaron a exigir su independencia. Kwame Nkrumah, de Costa del Oro, pensaba que los africanos debían gobernarse solos. Por ejemplo, los akan habían regido gran parte de la Costa

35 del Oro. Sus ancianos siempre habían elegido a sus gober-

✓ Verifica tu lectura

¿Qué productos de Costa del Oro exportaban los británicos?

____

____

____

Objetivo de la destreza de lectura

Vuelve a leer los dos párrafos entre corchete. Observa qué tienen en común todas las ideas. Luego, con tus propias palabras, escribe la idea principal en los siguientes espacios.

____

____

____

Término clave

Kwame Nkrumah *s.* fundador del movimiento independiente y primer presidente de Ghana

nantes de entre los miembros de la familia real. Si el líder no gobernaba con justicia, los ancianos tenían el derecho de elegir otro gobernante. Nkrumah viajó por toda la Costa del Oro, convenciendo a los pueblos para que
40 exigieran su libertad. ✓

Logran la independencia

En 1957, Gran Bretaña accedió a devolver la soberanía al pueblo de Costa del Oro. El nuevo gobierno cambió el nombre a Ghana, que fuera el de un antiguo reino africano. Nkrumah fue elegido presidente. En toda África, sólo
45 Sudáfrica se había independizado del régimen europeo. Ghana fue el segundo país en hacerlo. Su éxito inspiró a muchos otros africanos a luchar por la libertad.

Sin embargo, en 1966, Nkrumah fue derrocado por un coup d'état, es decir, un golpe de estado <u>militar</u>. ¿Por qué?
50 Nkrumah tenía grandes planes para Ghana. Pidió dinero prestado para llevarlos a cabo. Gastó millones de dólares en la <u>construcción</u> de un centro de conferencias y una super-carretera. También hizo un acuerdo con Estados Unidos para construir una presa que proporcionara energía e irriga-
55 ción a las zonas rurales. Pero cuando cayó el precio <u>mundial</u> del cacao, Ghana no pudo pagar los préstamos. Mucha gente culpó a Nkrumah de los problemas del país. ✓

En 1981, Jerry Rawlings tomó el poder. Trató de refor-mar la política y la economía del país. Resaltó la importan-
60 cia del trabajo arduo, y la economía de Ghana creció. En 2000, los ghanianos eligieron democráticamente a John Kufuor como presidente, quien continuó realizando mejo-ras en la nación.

Preguntas de repaso

1. ¿Cómo cambió la economía de la Costa del Oro después que los británicos comenzaron a fomentar el cultivo de cacao?

____

____

2. ¿Por qué opinaba Nkrumah que la Costa del Oro debía independizarse?

____

____

> **Términos clave**
>
> **soberanía** *s.* control político
>
> **coup d'état** *s.* derrocamiento repentino y forzado de un gobierno

---

✓ Verifica tu lectura

¿Cómo elegían los akan a sus líderes?

____

____

____

Estrategia de vocabulario

Las siguientes palabras aparecen en esta sección. Cada una con-tiene un sufijo. Subraya el sufijo. Luego, consulta un diccionario para escribir la definición de cada palabra.

militar _______________________

construcción _______________________

mundial _______________________

✓ Verifica tu lectura

¿Por qué perdió Nkrumah su posi-ción de presidente?

____

____

____

Resumen de la Sección 3

El medio ambiente de Malí

1 Malí es un país muy árido. El Sahara cubre más de una tercera parte del territorio. El Sahel se encuentra entre el Sahara y la sabana. La sabana es la única región de Malí que recibe abundante lluvia. La mayoría de los malienses
5 vive en el Sahel o la sabana.

La gente ha <u>vivido</u> en el Sahel durante miles de años. Los malienses del Sahel crían animales y desarrollan cultivos para alimentar a sus familias. Muchos ganan dinero adicional <u>sembrando</u> cultivos comerciales. En el Sahel
10 puede llover de mayo a octubre. Es la época ideal para la agricultura. Durante el resto del año, la gente usa agua de otras fuentes, como los ríos, para regar sus campos. ✓

En el pasado, la ubicación del Sahel entre el Sahara y la sabana contribuyó al éxito de su economía. Desde el
15 siglo XIV hasta el siglo XVI, la ciudad de Tombuctú fue un rico centro del comercio. Sin embargo, cuando los europeos comenzaron a comerciar en la costa de África, disminuyó el comercio en el Sahel. Era más rápido y fácil embarcar productos por mar que a lomos de camello.

El desierto se expande

20 Malí tiene pocas industrias. La mayoría de los habitantes se gana la vida con el comercio, la agricultura o el pastoreo. Sin embargo, estos tipos de trabajo están <u>amenazados</u> por la **desertificación**. El desierto comienza a extenderse hacia el sur en los países del Sahel. Incluso
25 las tierras más húmedas están en riesgo de convertirse en desierto. ✓

Una posible causa de la desertificación de Malí es el **pastoreo excesivo**. Cuando los animales pacen, a menudo arrancan las raíces de las plantas. Las raíces sir-
30 ven para fijar la tierra. Cuando desaparecen las raíces, el viento arrastra el polvo y deja menos tierra en el suelo. El polvo lo cubre todo.

Términos clave

desertificación *s.* proceso por el cual la tierra fértil se vuelve demasiado árida o demasiado dañada para sostener la vida

pastoreo excesivo *s.* permitir que el ganado de gran tamaño coma demasiada hierba en un lugar

---

Estrategia de vocabulario

Las siguientes palabras aparecen en esta sección. Cada una contiene un sufijo. Subraya el sufijo. Luego, consulta un diccionario para escribir la definición de cada palabra.

vivido _______________

sembrando _______________

amenazados _______________

✓ Verifica tu lectura

¿Cuáles son los meses más adecuados para la agricultura en el Sahel?

____

____

____

Objetivo de la destreza de lectura

La idea principal del encabezado "El desierto se expande" es que la desertificación amenaza el estilo de vida de los malienses. ¿Qué detalles explican el problema?

1. _______________

2. _______________

✓ Verifica tu lectura

¿Cómo afecta la desertificación a la tierra fértil?

____

____

____

Otra posible causa de la desertificación de Malí es la sequía, es decir, un largo período de escasa lluvia. Las
35 sequías convierten las tierras en desierto. En los últimos 30 años, el Sahel ha recibido mucha menos lluvia que antes. Algunos científicos creen que unos cuantos años de buenas precipitaciones podrían frenar la desertificación.

Protegen el medio ambiente

A personas de todo el mundo les preocupa el futuro del
40 Sahel. La Organización de las Naciones Unidas ha formado un comité para ayudar a frenar la desertificación.

Muchas personas que viven en el Sahel son nómadas. Los tuareg son nómadas que cada vez tienen más dificultades para vivir en el Sahel debido a la desertificación.
45 Además, hubo importantes sequías en las décadas de 1970 y 1980. Los tuareg no tuvieron suficiente agua para beber. Por ello, algunos se establecieron en granjas o migraron a las ciudades. Otros construyeron campamentos fuera de Tombuctú. ✓

50 La economía de Malí también se ha visto afectada, pues la desertificación dificulta el desarrollo de cultivos comerciales. El gobierno de Malí ha tratado de hallar soluciones a los problemas que causa la desertificación. Para recuperar la economía, el gobierno ha fomentado el
55 desarrollo de negocios en Malí. También trabaja con la Organización de las Naciones Unidas para enseñar al pueblo la mejor manera de aprovechar las tierras. Se espera que la irrigación y los nuevos métodos agrícolas sean de utilidad.

Preguntas de repaso

1. Menciona dos fuentes de agua que hacen posible la agricultura en el Sahel.

____

____

2. ¿Cuáles son dos posibles causas de la desertificación en Malí?

____

____

✓ Verifica tu lectura

¿Por qué muchos tuareg se han establecido en granjas, mudado a las ciudades o construido campamentos?

____

____

____

1. ¿Cuál de los siguientes NO es un grupo étnico nigeriano?
   A. los akan
   B. los igbo
   C. los yoruba
   D. los hausa-fulani

2. ¿Cuál de las siguientes fue la primera capital de Nigeria después de su independencia?
   A. Kano
   B. Abuja
   C. Lagos
   D. Tombuctú

3. ¿Qué ocurrió a consecuencia de la exportación de productos de la Costa del Oro, como el cacao?
   A. Los africanos de la Costa del Oro tuvieron que importar comida.
   B. La mayoría de las ganancias iban a manos de Gran Bretaña.
   C. La gente pasaba más tiempo sembrando y menos tiempo produciendo artesanías tradicionales.
   D. todas las anteriores

4. ¿Cómo difiere la sabana de Malí con respecto del Sahel y el Sahara?
   A. Recibe menos lluvia.
   B. Se encuentra más al norte.
   C. Recibe más lluvia.
   D. Tiene menos habitantes.

5. ¿Por qué ya no se practica el comercio en gran escala en Tombuctú?
   A. porque la desertificación ha destruido la ciudad
   B. porque la ciudad ha caído en manos de los tuareg, quienes no practican el comercio
   C. porque las modernas autopistas han reemplazado las caravanas de camellos
   D. porque es más rápido y fácil transportar bienes en barco que a lomos de camello

Pregunta de respuesta corta

¿Cuáles fueron las razones de los habitantes de Ghana para independizarse?

____

____

____

____

Principales religiones de Etiopía

1 El cristianismo llegó a Etiopía con el comercio que se
llevaba a cabo en el mar Rojo. Fue introducido por
misioneros de Egipto y se estableció en Etiopía hacia el
año 350 d.C. En 451 d.C., los cristianos egipcios se sepa-
5 raron del resto de la Iglesia Católica. Formaron la Iglesia
Copta Cristiana. Esta forma de cristianismo también
arraigó en Etiopía. ✔

Los cristianos etíopes no tenían mucho contacto con
cristianos de otras partes del mundo. Las montañas de
10 Etiopía impedían que las personas que vivían en el interior
del país viajaran a otras partes. Sin embargo, algunas personas viajaban por tierra o por el mar Rojo. Pero los cristianos ya no pudieron seguir esas rutas después que los
árabes musulmanes llegaran a la región en el siglo VII d.C.

15 Esos musulmanes árabes no trataron de apoderarse
de Etiopía. Pero se establecieron en regiones cercanas y
construyeron ciudades a orillas del mar Rojo. A la larga,
los árabes musulmanes controlaron todo el comercio en
África del Norte y algunos etíopes se convirtieron en
20 musulmanes.

Con el tiempo, los árabes musulmanes se apoderaron
de las regiones costeras de Etiopía. Los cristianos de
Etiopía fueron desplazados más al interior. Así, las
regiones cristianas de Etiopía quedaron rodeadas de
áreas musulmanas y los cristianos casi no tuvieron contacto con cristianos de otros lugares. La Iglesia Cristiana
Etíope se convirtió en una forma de cristianismo muy
particular. Tenía sus propias tradiciones y su propio
idioma, el **geez**. Los monjes cristianos que habitaban en
monasterios escribieron la mayor parte de la historia de
Etiopía usando el idioma geez.

✔ Verifica tu lectura

¿Cómo llegó el cristianismo a Etiopía?

____

____

____

Estrategia de vocabulario

En el párrafo entre corchete se usa
una palabra o frase señal para
mostrar la causa
y el efecto.
Descubre la
palabra o frase
señal y encié-
rrala en un círculo.
Luego, escribe la causa y el efecto
en los siguientes espacios.

Causa: _______________________

Efecto: _______________________

Términos clave

geez *s.* antigua lengua etíope que se usaba para escribir
literatura, pero ha caído en desuso

monasterio *s.* lugar donde algunas personas, sobre todo
hombres llamados monjes, llevan una vida religiosa

Las iglesias de la población de Lalibela también son un elemento peculiar del cristianismo etíope. Llamada originalmente Roha, Lalibela fue la capital de Etiopía durante 300 años. Su nombre cambió en honor del gobernante más famoso, Lalibela. Reinó desde fines del siglo XII hasta principios del XIII. Bajo su régimen, se construyeron once iglesias. Fueron labradas directamente en la piedra y construidas bajo el suelo. Muchas personas viajan a Lalibela para ver esas iglesias que sólo se encuentran en esta región.

Durante casi toda la historia de Etiopía, cristianos y musulmanes han convivido en paz. Pero hubo épocas en que se hicieron la guerra por sus diferencias religiosas. Hoy en día, cerca de 35 por ciento de los etíopes son cristianos. Un 45 por ciento son musulmanes. La mayoría de los etíopes restantes practica religiones africanas tradicionales. Una pequeña parte es judía.

Contrastes en la vida cotidiana

Sólo 16 por ciento de los etíopes vive en ciudades. Los demás viven en el campo. Allí es difícil tener servicios públicos como electricidad y agua corriente. Por ejemplo, en el pueblo de Gerba Sefer nadie tiene electricidad y muchos habitantes se transportan en burro, en vez de autos. Las personas de las áreas cercanas se ganan la vida practicando la agricultura, la ganadería o la pesca. Algunas familias tallan madera o se dedican a la apicultura. ☑

Addis Ababa es la capital de Etiopía y se encuentra en el centro del país. Ahí la vida es muy distinta a la del campo. Las personas tienen muchos servicios. Tienen agua corriente, electricidad, hospitales modernos, una universidad y un museo. También pueden visitar palacios que construyeron antiguos emperadores. Addis Ababa es un centro de negocios y comercio. Está poblada por diversos grupos étnicos como los amharan, tigrey, galla y gurage.

Preguntas de repaso

1. ¿Qué religión fue la primera en llegar a Etiopía, el cristianismo o el islamismo?

____

____

2. ¿Qué servicios disfrutan los habitantes de Addis Ababa que no existen en el campo?

____

____

¿Qué crees que significa la palabra *reinó*? Si no lo sabes, observa el contexto de la palabra. Sabes que Lalibela reinó durante algunas décadas. También sabes que fue el gobernante de Roha. Usa tus propias palabras para escribir una definición en los siguientes espacios.

____

____

____

✓ Verifica tu lectura

¿En dónde vive la mayoría de los etíopes, en ciudades o en el campo?

____

____

Primeras reformas después de la independencia

Tanzania se encuentra junto al océano Índico. Debido a su ubicación, fue un importante centro de comercio. Durante los últimos 1,200 años, el área ha sido gobernada, en diferentes épocas, por árabes, alemanes y británicos. Los británicos llamaron Tanganika a la región continental. Esta región se independizó en 1961. En 1964 se unió al estado insular de Zanzíbar para formar Tanzania.

Cuando Tanzania se independizó, la mayoría de la población era pobre. Pocos sabían leer o escribir. El primer presidente, Julius Nyerere, comprendió que Tanzania enfrentaba grandes desafíos. Quería evitar tensiones entre los 120 grupos étnicos del país. Por ello, adoptó políticas bastante inusuales. Una se refería al idioma. Aunque se hablan muchas lenguas en los hogares de África Oriental, muchos habitantes hablan suahili. El suahili es lo que se llama una **lengua franca**. A fin de unificar a los tanzanios, Nyerere adoptó el suahili como lengua nacional. ✔

Nyerere también estableció un nuevo sistema político. No quería que cada grupo étnico tuviera su propio partido político. En consecuencia, creó un sistema de <u>partido único</u>. Varios candidatos competían por los votos, pero todos pertenecían al mismo partido. Los críticos protestaron diciendo que tal situación corrompería al gobierno.

Luego, Nyerere se encargó de la economía. Dijo a los tanzanos que sólo podrían acabar con la pobreza si todos trabajaban con dedicación. También dijo que Tanzania no debía depender del apoyo económico de otros países.

A continuación, Nyerere inició un programa de *ujamaa*. Es el vocablo suahili que significa "unión". Nyerere quería que los agricultores vivieran en aldeas donde trabajaran juntos y compartieran los recursos. Le pareció que así podrían producir más cultivos. También creía que se facilitaría la labor del gobierno para proporcionar servicios como la educación.

✓ Verifica tu lectura

¿Cuál es la lengua franca de Tanzania?

____

____

Objetivo de la destreza de lectura

Si no sabes qué es un sistema de partido único, observa el contexto. La frase va seguida de una explicación. Usa la explicación para escribir, con tus propias palabras, una oración que describa el sistema de partido único.

____

____

____

Estrategia de vocabulario

En los párrafos entre corchete, encierra en un círculo las palabras señal que indican secuencia. ¿Qué acontecimientos describe la secuencia?

____

____

Término clave

lengua franca *s.* lengua que comunica a las personas que hablan diferentes lenguas maternas

Progreso y reforma continua

Nyerere dejó la presidencia en 1985. Para entonces, Tanzania había cambiado mucho. Tenía una lengua nacional y muy pocos conflictos étnicos. La educación había mejorado y más personas sabían leer y escribir.

Pero Tanzania aún era pobre. La economía sufría porque el programa *ujamaa* había fallado. Muchas familias de agricultores se negaban a ocupar las nuevas aldeas. En vez de desarrollar más cultivos, producían menos.

El nuevo gobierno que siguió al de Nyerere puso fin al programa *ujamaa*. Trató de convencer a los agricultores de usar nuevos métodos para producir más cultivos comerciales y pidió más ayuda a los países extranjeros.

El gobierno también decidió poner en práctica la privatización. Debido a la privatización, hay empresas privadas que operan las industrias telefónica y de aviación en Tanzania. Ahora, la economía mejora con más rapidez que otras economías de África.

Gracias a todos los cambios económicos, el gobierno de Tanzania también ha cambiado el sistema de partido único a un sistema multipartidista. En 1992 comenzaron a formarse nuevos partidos políticos. En octubre de 1995, Tanzania celebró sus primeras elecciones bajo el sistema multipartidista. ✔

En las elecciones de 1995 y 2000, el partido de Nyerere ganó la mayoría de los votos y conservó el poder. No todos lo aceptaron. Además, otro partido sugirió que Zanzíbar ya no debía ser parte de Tanzania. Estos desacuerdos han creado tensiones en la política de Tanzania.

Preguntas de repaso

1. ¿Por qué creó Nyerere un sistema de partido único?

2. ¿Cómo había cambiado Tanzania en 1985 con respecto de 1960?

Términos clave

privatización *s.* venta de industrias gubernamentales a compañías privadas

sistema multipartidista *s.* sistema político en que dos o más partidos compiten en las elecciones

✔ Verifica tu lectura

¿Qué cambio político ocurrió en 1992?

Los pueblos de Kenia

La montaña más alta de Kenia es el monte Kenia. Se encuentra justo al sur del ecuador. Al sudoeste del monte Kenia se encuentran las tierras altas. Allí llueve en abundancia y las tierras son adecuadas para la agricultura. La mayoría de los kenianos son agricultores. Muchos viven en shambas en las tierras altas. Una shamba es una pequeña granja, propiedad de la familia que la administra. Otros kenianos viven en la costa. Ahí, el clima es más templado y la tierra también es adecuada para la agricultura.

Algunos kenianos tienen origen europeo, asiático o árabe. La mayoría procede de familias que siempre han vivido en África. Kenia tiene más de 40 grupos étnicos. Cada grupo tiene una peculiaridad. Pero también comparten una cultura común. Por ejemplo, algunos grupos hablan el mismo idioma. Y la mayoría de los kenianos son cristianos o musulmanes. ✓

La mayoría de los kenianos también comparten valores familiares. Muchos miembros de las familias extendidas mantienen lazos estrechos. Con frecuencia, a los primos se les considera como hermanos o hermanas.

Los **kikuyu** son el grupo étnico más grande de Kenia. Muchos viven en shambas de las tierras altas, cerca del monte Kenia. Las casas kikuyu son edificios circulares con paredes de barro y techos de paja. Los kikuyu producen cultivos alimentarios y comerciales como café y sisal, una fibra que sirve para fabricar sogas. Los **maasai** son otro grupo étnico de Kenia. Son **seminómadas**.

La vida en la Kenia rural

La mayoría de los agricultores de Kenia son mujeres. Ellas cultivan frutas y verduras y crían animales. Los hombres también practican la agricultura, pero casi siempre producen cultivos comerciales como café y té.

La vida en Kenia empieza a cambiar. Mientras crece la población del país, muchos hombres migran a las ciuda-

---

Verifica tu lectura

¿Cuántos grupos étnicos hay en Kenia?

____

____

Estrategia de vocabulario

En el párrafo entre corchete se usa una palabra señal para mostrar un contraste. Halla la palabra señal y enciérrala en un círculo. ¿Qué contrasta el párrafo?

____

____

Términos clave

kikuyu *s.* el grupo étnico más grande de Kenia

maasai *s.* grupo étnico seminómada de Kenia

seminómada *adj.* que van de un lugar a otro y practican la agricultura en asentamientos

des en busca de trabajo. La mayoría de las mujeres y los
niños permanece en el campo. La mudanza resulta muy
costosa. Además, para muchas mujeres es más fácil
sostener a sus familias con la agricultura.

Kenia se independizó de Gran Bretaña en 1963. El
primer presidente fue Jomo Kenyatta. Él estableció una
política social llamada harambee. Kenyatta apoyó el
harambee en los ámbitos político, agrícola, educativo
y otros más.

Harambee ha tenido éxito en Kenia. Un buen ejemplo
es el surgimiento de grupos femeninos de autoayuda en el
campo. Las mujeres de toda Kenia participan en la resolu-
ción de los problemas que enfrentan sus comunidades. ✔

La vida en la Kenia urbana

La capital de Kenia es Nairobi. Es una de las ciudades
más grandes de África Oriental. También es el principal
centro industrial y manufacturero de África Oriental, y el
sitio donde se lleva a cabo gran parte de las operaciones
bancarias y comerciales de África Oriental.

Muchos kenianos van a Nairobi en busca de trabajo.
La población ha crecido de un millón en 1985 a más de
dos millones en 2000.

Los hombres que se mudan a la ciudad suelen añorar
sus hogares. Y las mujeres de las aldeas tienen que
trabajar mucho. Harambee ayuda a la gente a superar
esas experiencias. Muchos hombres trabajan para ganar
el dinero que necesitan para comprar tierras en el campo.
Los hombres de Nairobi que pertenecen a un mismo
grupo étnico, suelen apoyarse, compartir viviendas y
ayudarse unos a otros. ✔

Preguntas de repaso

1. ¿Cómo se gana la vida la mayoría de los kenianos?

2. ¿Por qué la mayoría de las kenianas permanece en las
aldeas rurales en vez de mudarse a la ciudad?

Término clave

harambee *s.* política social establecida por Jomo Kenyatta; el
término suahili significa "avancemos juntos"

La palabra *harambee* significa
"avancemos juntos" en suahili.
¿Acaso Kenyatta quería que las
personas halaran realmente de
algo? ¿O usó el término en un
sentido no literal? ¿Cómo describi-
rías *harambee* en lenguaje literal?

✔ **Verifica tu lectura**

¿Cuál es la finalidad de los grupos
femeninos de autoayuda en Kenia?

✔ **Verifica tu lectura**

¿Cómo se apoyan entre sí los
kenianos que viven en la ciudad?

1. La forma de cristianismo que pasó de Egipto a Etiopía se llamaba
   A. cristianismo copto.
   B. catolicismo romano.
   C. cristianismo ortodoxo oriental.
   D. ninguno de los anteriores

2. El idioma oficial de Tanzania es
   A. tanzano.
   B. lingua franca.
   C. suahili.
   D. árabe.

3. ¿Cuál de las siguientes afirmaciones sobre el programa *ujamaa* de Tanzania es verdadera?
   A. El objetivo del programa era incrementar la manufactura.
   B. El objetivo del programa era que los agricultores trabajaran sus propias tierras.
   C. El programa tuvo mucho éxito.
   D. El objetivo del programa era producir más cultivos.

4. ¿Cómo se llaman las granjas familiares de Kenia?
   A. maasai
   B. shamba
   C. harambee
   D. kikuyu

5. ¿Cuál de los siguientes es un ejemplo de harambee?
   A. desarrollar cultivos comerciales
   B. permanecer cerca de la familia extendida
   C. grupos de autoayuda para mujeres
   D. mudarse del campo a la ciudad

Pregunta de respuesta corta

¿Por qué Julius Nyerere estableció una lengua franca en Tanzania?

____

____

____

____

CAPÍTULO 17

Resumen de la Sección 1

Geografía física y recursos

La República Democrática del Congo es el tercer país más grande de África. Tiene el mismo tamaño que el territorio de Estados Unidos al este del río Mississippi. Tiene cuatro importantes regiones geográficas: la cuenca del Congo, el altiplano del norte, las tierras altas de oriente y el altiplano del sur. La mayoría de los congoleses vive en todas las regiones, excepto la cuenca del Congo.

La mayoría de los congoleses son agricultores. Pero la minería produce la mayor parte de la riqueza del país. El Congo es uno de los principales productores mundiales de diamantes y cobre. También tiene otros minerales valiosos como oro. El Congo tiene recursos para desarrollar muchas plantas hidroeléctricas, que aprovechan el rápido caudal de los ríos para generar electricidad. ✓

Los recursos naturales han sido importantes para el Congo. Los antiguos reinos eran poderosos porque tenían tierras fértiles, lluvia abundante y herramientas de hierro que mejoraron la agricultura. Los portugueses que llegaron en la década de 1480 buscaban oro.

Cuatrocientos años más tarde, durante la disputa de África, los belgas tomaron el control del Congo. Obligaron a los africanos a cultivar caucho silvestre sin pago alguno. Bélgica se enriquecía con ese recurso, mientras los africanos sufrían y morían.

Desafíos económicos y políticos

En 1960, el Congo se independizó de Bélgica. Pero sus primeros años de libertad fueron difíciles. Bélgica poco hizo para preparar a los congoleses para gobernar su país. Diversos grupos lucharon entre sí por el poder.

Las compañías extranjeras que controlaban las minas del Congo temían que sus negocios se arruinaran mientras el país enfrentaba estas dificultades. En 1965, esas compañías ayudaron a Joseph Mobutu a tomar el poder. Tenían la esperanza de que controlara la situación.

Mobutu trató de restablecer el orden formando un gobierno autoritario. También trató de cortar toda

---

Término clave

gobierno autoritario *s.* forma de gobierno no democrática en la que un solo líder o grupo de líderes tiene todo el poder

---

Estrategia de vocabulario

Tal vez hayas visto varias veces la palabra geografía. *Geo* es un vocablo griego que significa "tierra". *Grafía* es otra palabra griega que significa "escribir". Escribe una definición de geografía basándote en el significado de los términos griegos.

✓ Verifica tu lectura

¿Qué industria produce la mayor parte de la riqueza del Congo?

____

____

____

Objetivo de la destreza de lectura

¿Qué acontecimientos importantes hicieron que Mobutu estableciera un gobierno autoritario? Escríbelos en el orden en que ocurrieron.

1. _______________________

2. _______________________

✓ **Verifica tu lectura**

¿Por qué cambió Mobutu el nombre del país?

✓ **Verifica tu lectura**

¿Por qué la guerra civil del Congo se considera el primer incidente de esta naturaleza para el continente africano?

relación con la época colonial. Dio al país un nombre africano, Zaire. También nacionalizó las compañías de propiedad extranjera. ✓

Mobutu pidió préstamos de dinero a naciones extranjeras para proyectos que mejorarían la economía de Zaire. Pero casi todos sus esfuerzos para mejorar la economía fracasaron.

A mediados de la década de 1970, el precio mundial del cobre tuvo una fuerte caída. Poco después, la economía de Zaire se derrumbó. Mobutu trató de reparar el daño reduciendo el gasto del gobierno. Pero los recortes afectaron mucho a los más pobres de Zaire. Cuando el pueblo trató de oponerse a las políticas de Mobutu, éste ordenó que encarcelaran o mataran a quienes se opusieran.

Rehacen la nación

Mobutu gobernó con mano dura durante la década de 1980. La economía de Zaire se debilitó cada vez más. Los habitantes, tanto nacionales como extranjeros, pedían un cambio.

En 1996 comenzó una rebelión contra el gobierno de Mobutu. Mobutu escapó a Marruecos. El nuevo gobierno cambió el nombre del país a República Democrática del Congo. El nuevo líder, Laurent Kabila, ocupó la presidencia. Pero muy pronto estalló una nueva guerra civil. Varios países vecinos participaron en ella. Fue la primera vez, desde la independencia, en que varias naciones africanas combatían. ✓

En 1999, los dirigentes de los países participantes se reunieron para redactar un acuerdo de paz. Pero nadie lo cumplió. Para fines de 2002, se habían resuelto muchos desacuerdos sobre las condiciones de paz. Pero persisten algunos pequeños conflictos.

Preguntas de repaso

1. ¿Cuáles son algunos recursos naturales del Congo?

2. ¿Qué cambios realizó Joseph Mobutu en el Congo?

Término clave

nacionalizar *v.* transferir la propiedad de algo al gobierno de un país

Se inicia el régimen blanco

En 1652, los holandeses fueron los primeros europeos blancos que se establecieron en la actual Sudáfrica. Los colonos adoptaron el nombre de boers, vocablo holandés que significa agricultores. Sus descendientes se han denominado afrikaners. Hablaban un idioma llamado afrikaans, muy semejante al holandés. ☑

Los afrikaners fundaron sus propios estados. Pero tras el descubrimiento de oro y diamantes, los británicos trataron de tomar el control. Británicos y afrikaners combatieron de 1899 a 1902. Los británicos ganaron y se apoderaron de los estados afrikaner. En 1910, los británicos llamaron Unión de Sudafrica a las tierras que controlaban en la región.

El gobierno de blancos aprobó leyes para conservar las tierras y la riqueza en manos de los blancos. Los negros podían vivir y tener tierras en sólo 8 por ciento del territorio nacional. Podían trabajar en regiones de blancos, pero recibían muy poco dinero. Los obreros blancos y negros no podían trabajar juntos. Los blancos recibían los mejores trabajos.

Sistema de apartheid

Los británicos dieron la independencia a Sudáfrica en 1931. En 1948, un partido político afrikaner tomó el control del país. Se llamaba Partido Nacional. Los nuevos líderes dieron nombre al sistema que trataba de forma distinta a blancos y no blancos. El nombre fue apartheid, que significa "separación" en afrikaner. La ley legalizó la discriminación racial.

Los sudafricanos se dividieron en cuatro grupos: blancos, negros, de color y asiáticos. Los de color eran personas de raza mixta. Los negros componían 75 por ciento de la población. Casi no tenían derechos.

Los sudafricanos negros fueron obligados a mudarse a las peores tierras del país. Los negros se volvieron pobres.

Términos clave

apartheid *s.* sistema legal sudafricano en el cual se restringía mucho los derechos de los no blancos

discriminar *v.* tratar a las personas de manera diferente, y casi siempre injusta, debido a su raza, religión o sexo

---

Objetivo de la destreza de lectura

Mientras lees la sección titulada "Se inicia el régimen blanco", toma nota de las palabras de cada párrafo que indican una secuencia. Enciérralas en un círculo.

✓ Verifica tu lectura

¿Cuándo se establecieron los primeros europeos blancos en la actual Sudáfrica?

____

____

____

Estrategia de vocabulario

El término *gobierno* se deriva del vocablo latino *gubernare* ("guiar [un barco]"). Basándote en el significado de esa palabra, ¿cuál crees que sea el significado de gobierno?

____

____

____

No tenían derechos ciudadanos en su propia nación.
35 Los no blancos asistían a malas escuelas. Tenían prohibida la entrada en restaurantes, escuelas y hospitales para blancos.

Muchos sudafricanos protestaron contra el apartheid. Durante décadas, miles de personas fueron asesinadas
40 o encarceladas. El gobierno prohibió las protestas pacíficas. Pero el pueblo no dejó de luchar por la libertad. ☑

En la década de 1970, otros países se sumaron al movimiento contra el apartheid. Muchas naciones inte-
45 rrumpieron el comercio con Sudáfrica. En 1990, Sudáfrica comenzó a responder. Bajo la dirección del presidente F. W. de Klerk, el gobierno abolió las leyes del apartheid.

Construyen una nueva nación

Desde la década de 1950, **Nelson Mandela** ha sido el líder de un partido político llamado Congreso Nacional
50 Africano (CNA). El CNA ha luchado siempre por el derecho al voto para todos los sudafricanos. En 1962, Mandela fue sentenciado a cadena perpetua por combatir el apartheid. En 1990 fue liberado. Luego fue elegido presidente del CNA. En 1994, se convirtió en presidente
55 de Sudáfrica en las primeras elecciones en que todos los sudafricanos tuvieron el derecho de votar. ☑

Aún hay diferencias en el nivel de vida de los sudafricanos. Negros y blancos viven en distintos vecindarios. Los blancos controlan la mayoría de los grandes
60 negocios. Sin embargo, se están creando nuevas oportunidades para los negros. Y las tensiones han disminuido.

En 1999, otro líder del CNA, Thabo Mbeki, llegó a la presidencia. Él sigue promoviendo el desarrollo de la democracia en Sudáfrica.

Preguntas de repaso

1. ¿Por qué los británicos querían los estados afrikaner?

____

____

2. ¿Cómo terminó finalmente el apartheid?

____

____

Término clave

Nelson Mandela *s.* líder negro y primer presidente sudafricano al terminar el apartheid

1. ¿Qué recurso natural NO tuvo un papel importante en la historia del Congo?
   A. diamantes
   B. plata
   C. oro
   D. caucho

2. ¿Por qué las compañías extranjeras ayudaron a Joseph Mobutu a tomar el poder del Congo?
   A. Porque querían que nacionalizara sus compañías.
   B. Porque querían mantenerlo ocupado para que las dejara en paz.
   C. Porque temían que los problemas del país afectaran sus negocios.
   D. Porque pensaban que devolvería el Congo a los belgas.

3. ¿Cuál de las siguientes afirmaciones acerca de la rebelión y la guerra civil del Congo NO es verdadera?
   A. La lucha hizo que Mobutu huyera del país.
   B. La lucha fue una respuesta al cruel régimen de Mobutu.
   C. Los vecinos del Congo participaron en la guerra.
   D. Los rebeldes actuaban bajo el liderazgo de Joseph Mobutu.

4. ¿Qué grupo llamó apartheid al sistema de tratar a los sudafricanos de distinta manera, debido a la raza?
   A. los británicos
   B. los boers
   C. el CNA
   D. los afrikaners

5. ¿Cuándo terminó el apartheid?
   A. 1910
   B. 1931
   C. 1948
   D. 1990

Pregunta de respuesta corta

¿Por qué crees que los sudafricanos eligieron a un hombre de raza negra como su primer presidente después del apartheid?

____

____

____

____

Asia y el Pacífico

Accidentes geográficos y masas de agua

Una nación ocupa la mayor parte del territorio de Asia. Es China. Montañas, tierras altas y mesetas forman buena parte del paisaje chino. Los otros países del este asiático también tienen montañas. Pero sólo China y Mongolia tienen amplias llanuras y mesetas. Los otros países —Japón, Taiwán, Corea del Norte y Corea del Sur— tienen llanuras estrechas. Éstas se extienden principalmente junto a las costas y los ríos.

Hace unos 50 millones de años, el movimiento de los continentes hizo que la superficie territorial de Asia se plegara y elevara. Este proceso creó los Himalaya y la meseta del Tíbet. Los Himalaya forman la cordillera más alta del mundo. Incluye el monte Éverest, la montaña más alta del planeta. Los Himalaya corren a lo largo de la frontera entre China y Nepal. Al norte de estas montañas se encuentra la meseta del Tíbet, una zona extensa de tierras altas.

Las fuerzas naturales también formaron las islas de Japón. Los terremotos hicieron que partes del país se elevaran y otras se hundieran. La lava y la ceniza de los volcanes formaron nuevas montañas. El monte Fuji de Japón es un volcán, pero no ha hecho erupción desde 1707. Volcanes y terremotos aún modifican la forma de la tierra en partes del oriente asiático.

En China viven más personas que en cualquier otro país. ¿Cuántas? ¡Unos mil millones de personas!

Dos terceras partes del territorio en China son montañas y desiertos. Un desierto es un lugar seco con pocas plantas. El Gobi es un desierto en China que está más al norte que cualquier otro en el mundo.

Los ríos más importantes de China son el Chang y el Huang. Nacen en el Tíbet y fluyen hacia el este. El río Chang es tan profundo que lo surcan barcos cargueros. El río Huang corre por la Llanura Septentrional de China. La llanura es muy fértil. Más de 100 millones de personas viven en esta zona fértil.

Términos clave

meseta *s.* área de tierra elevada y plana bordeada en uno o más lados por pendientes y precipicios pronunciados

fértil *adj.* que es propicio para el crecimiento de las plantas

---

En esta sección aparecen las siguientes palabras compuestas.

Traza una línea vertical que separe las dos palabras que forman cada palabra compuesta. Luego, encierra en un círculo las palabras compuestas en el texto al leerlas. Define cada palabra.

conforman: _______________

____

terremotos: _______________

Objetivo de la destreza de lectura

Si tu propósito fuera saber cómo es China, indica un hecho del párrafo entre corchete que te ayude a cumplir con tu propósito.

Propósito: saber acerca de China

Hecho: _______________

____

Japón es un **archipiélago** en el océano Pacífico occidental. Cuenta con cuatro islas principales. La mayoría de la gente en Japón vive a lo largo de las costas. 40 Cerca de 80 por ciento del país tiene montañas. ☑

La isla más larga de Japón es Honshu. También es la más poblada. Casi todas las ciudades importantes de Japón se ubican ahí. La ciudad capital de Japón, Tokio, está en Honshu.

45 Corea es una península. Esto significa que está rodeada en tres de sus lados por el océano. Se ubica entre China y Japón. Desde 1953, se dividió en dos países: Corea del Norte y Corea del Sur.

La población en el oriente asiático

El oriente asiático cuenta con cerca de 1.5 mil millones de 50 habitantes que están repartidos en forma desigual por el territorio. Pocas personas viven en desiertos, mesetas y montañas. La mayoría vive en las llanuras y cerca de las costas porque en esas zonas es más fácil cultivar alimentos.

55 Los lugares en que vive mucha gente tienen una **densidad de población** muy elevada. La Llanura Septentrional de China es un ejemplo de ello. Posee una densidad de población muy alta debido a que es plana y cuenta con tierra fértil. ☑

60 En el oriente asiático, las ciudades, granjas e industrias se concentran en el territorio plano. Casi la mitad de los japoneses viven en menos de 3 por ciento del territorio. En China, la mayoría vive en la mitad oriental del país. Ahí es donde están las llanuras y las zonas costeras.

Preguntas de repaso

1. ¿Cuáles son los principales accidentes geográficos del oriente asiático?

____

____

2. ¿En qué zonas vive la mayoría de la gente en el oriente asiático? ¿Por qué?

____

____

Verifica tu lectura

¿Japón es un país de montañas o de llanuras?

____

____

Verifica tu lectura

¿Por qué la Llanura Septentrional de China tiene una densidad de población tan alta?

____

____

Términos clave

archipiélago *s.* grupo de islas

densidad de población *s.* cantidad promedio de personas que viven en una milla cuadrada o en un kilómetro cuadrado

Regiones climáticas del oriente asiático

Hay cinco principales regiones climáticas en el oriente asiático: semiárida, árida, húmeda subtropical, húmeda continental y tierras altas.

Buena parte del oriente de China posee un **clima húmedo subtropical.** Es decir, los inviernos son fríos, los veranos cálidos y cae abundante lluvia. El noreste es una zona **continental húmeda.** Aquí, los veranos son cálidos y los inviernos son fríos. En Corea del Sur y Japón los veranos son un poco más fríos y los inviernos un poco más cálidos que en otros lugares ubicados en la misma latitud. Esto sucede porque estos dos países están casi por completo rodeados por agua.

La parte norte de China es muy seca. Tiene regiones climáticas **áridas** y **semiáridas.** Las temperaturas ahí pueden ser muy calientes o muy frías. En el sur, la meseta del Tíbet tiene un clima de **tierra alta.** Es frío y seco.

Los monzones son importantes para los climas del oriente asiático. En el verano, los vientos del océano Pacífico soplan del noroeste hacia Asia, llevando lluvias. Éstas empiezan en junio como llovizna. En julio, las lluvias son más fuertes y los vientos producen un clima cálido y húmedo.

En invierno, los vientos cambian de dirección. Vienen de la parte norte de Asia. Son helados y muy secos. En ciertas partes de China, los vientos ocasionan tormentas de polvo que duran varios días. Luego de llegar a las aguas marítimas llevan lluvia o nieve tierra adentro.

El oriente asiático tiene huracanes llamados tifones. Los torbellinos de los tifones alcanzan grandes velocidades, de 74 millas por hora o más. Los vientos y las fuertes lluvias que llevan consigo pueden ocasionar daños importantes. Por ejemplo, en 1922, un tifón que azotó China ocasionó 60,000 muertes.

Términos clave

monzón s. viento que cambia de dirección con los cambios de estación

tifón s. huracán o tormenta tropical que nace en el océano Pacífico, con vientos que alcanzan velocidades superiores a las 74 millas por hora

---

Objetivo de la destreza de lectura

Basándote en lo que has leído hasta ahora, ¿tus predicciones son acertadas? Si no, cámbialas ahora.

Predicciones nuevas: _____________

____

____

✓ Verifica tu lectura

¿En qué se diferencian los tifones de los monzones?

____

____

____

Influencias del clima

35 El clima influye en las plantas que crecen en el oriente <u>asiático</u>. También en los cultivos que la gente siembra.

Parte de la vida de las plantas en el oriente asiático es difícil. Resisten los cambios en las temperaturas y la lluvia durante el cambio de las estaciones. Por ejemplo, el 40 bambú crece <u>rápidamente</u> en la temporada húmeda en el sur de China y Japón. Pero también soporta las sequías. En los desiertos chinos, las plantas brotan con <u>rapidez</u> cuando llueve. Los árboles **caducifolios** cambian con las estaciones. Sus hojas se vuelven doradas, anaranjadas y 45 rojas en el otoño y luego caen.

El clima también influye en la vida en el oriente asiático. La región en torno al río Huang en China es un buen ejemplo de ello. La palabra china *huang* significa "amarillo". Al río se le llama así por la tierra amarilla marrón 50 llamada loes que soplan los vientos del desierto. El río transporta las loes y las deja en la Llanura <u>Septentrional</u> de China. Esta enorme llanura es una de las mejores zonas agrícolas de China.

El río Huang también se desborda. Las presas ayudan 55 a controlar las aguas. Pero durante los monzones, el río algunas veces llega a desbordarse.

El clima también influye en la <u>alimentación</u> de los habitantes del oriente asiático. El arroz crece mejor en clima cálido, de modo que la gente en el sur de China 60 cultiva y consume arroz. En el norte más frío, crece mejor el trigo. Los del norte comen más cosas hechas con trigo, como fideos. ✓

Preguntas de repaso

1. ¿Cuáles son las cinco principales regiones climáticas del oriente asiático?

   ____

   ____

   ____

2. ¿Cómo influyen los monzones en los climas del oriente asiático?

   ____

   ____

   ____

> **Término clave**
>
> **caducifolio** *adj.* término que describe a las plantas que pierden sus hojas en el otoño

Resumen de la Sección 3

Los recursos naturales son cosas que se hallan en la naturaleza y que son útiles para la gente. Entre ellos se hallan la tierra fértil, los minerales, el agua y los bosques.

Recursos naturales del oriente asiático

El oriente asiático posee muchos recursos naturales. El carbón, petróleo y agua se usan para generar energía hidroeléctrica. Otros recursos son las materias primas usadas para elaborar productos. El agua y la tierra fértil son recursos vitales para el cultivo de alimentos.

Algunos países del oriente asiático tienen más recursos naturales que otros. Por ejemplo, Corea del Norte, un país en desarrollo, tiene carbón y hierro. Corea del Sur, un país desarrollado, tiene manufactura, pero carece de carbón y hierro.

Recursos minerales en el oriente asiático

País	Recursos
Corea del Norte	**Posee:** carbón, hierro
Corea del Sur	**Importa:** hierro, petróleo y sustancias químicas
Japón	**Importa:** carbón, gas natural, petróleo, hierro, estaño, cobre
China	**Posee:** carbón, cobre, estaño, hierro, petróleo

A ambas Coreas les serviría compartir sus recursos. Pero no tienen buenas relaciones y no los comparten. Así, Corea del Sur importa materias primas para elaborar los productos que vende a otras naciones. Es una de las economías más ricas de Asia.

Japón también es una sociedad industrial moderna. Produce muchos bienes, pero importa enormes cantidades de minerales. China posee muchos recursos minerales. Tiene uno de los suministros de carbón más grandes del mundo.

Términos clave

país en desarrollo s. país con una industrial débil y poca tecnología moderna

país desarrollado s. país con muchas industrias y una economía bien desarrollada

---

Objetivo de la destreza de lectura

Convierte la oración subrayada en pregunta. Lee el párrafo y luego escribe y responde a tu pregunta.

Pregunta: ___________________

____

Respuesta: ___________________

____

✓ Verifica tu lectura

Basándote en lo que has leído, ¿Japón es un país desarrollado o en desarrollo?

____

____

Los ríos en el oriente asiático se usan para producir
25 energía hidroeléctrica. Se trata de electricidad producida
por la fuerza del agua. Esta energía es vital para la industria. Construir presas y plantas de energía es costoso.
China construye una presa en el río Chang para producir
más energía hidroeléctrica. La Presa de las Tres
30 Gargantas también controlará las inundaciones.

Las aguas del oriente asiático son una fuente importante de alimento. Durante las décadas de 1980 y 1990, la
<u>sobrepesca</u> y la contaminación redujeron las provisiones
de peces. Eso hizo que la acuicultura se volviera más
35 importante. La acuicultura es la cría de peces, mariscos y
algas marinas. China es el principal productor de acuicultura en el oriente asiático.

El uso de la tierra para producir alimento

Para alimentar a su enorme población, en el oriente
asiático se cultiva hasta el más mínimo rincón de tierra.
40 Con tantas montañas y mesetas, el porcentaje de tierra
cultivable es pequeño.

En China, Japón y partes de Corea, los agricultores
cortan **terrazas** en las laderas de colinas empinadas. Esto
les da espacio para sembrar. En donde el clima y la tierra
45 lo permiten, los agricultores usan el **doble cultivo**. En
China, los agricultores plantan un tipo de cultivo entre
los surcos de otro cultivo. En algunas partes del sur de
China, siembran hasta tres cultivos en un año. En el sur
de Japón, se replantan las simientes de arroz en un
50 campo más grande luego de cosechar el trigo. ✓

Preguntas de repaso

1. Menciona tres recursos naturales del oriente asiático
que se usen para producir energía.

2. ¿Cómo se usan la tierra y el agua para producir
alimento?

Estrategia de vocabulario

Si no sabes lo que significa la palabra *sobrepesca*, prueba dividiéndola por partes. En este caso, "sobre" significa "demasiado" como en *sobrealimentarse* o *sobrecrecimiento*. *Pesca* significa "atrapar peces". ¿Qué piensas que es *sobrepesca*?

✓ Verifica tu lectura

¿De qué manera la agricultura en terrazas y el doble cultivo aumentan el suministro de alimentos?

Términos clave

terraza *s.* terreno plano en la ladera de una colina
doble cultivo *s.* sembrar dos o más cultivos en la misma tierra, durante la misma estación, y al mismo tiempo

1. ¿Qué país ocupa la mayor extensión territorial en el oriente asiático?
   A. Japón
   B. Mongolia
   C. China
   D. Corea del Sur

2. La mayoría de los japoneses vive
   A. a lo largo de las costas.
   B. en zonas montañosas.
   C. en las amplias llanuras de Japón.
   D. en mesetas.

3. ¿Cómo influye el río Huang en la Llanura Septentrional de China?
   A. Acarrea lluvia y nieve.
   B. Sus presas producen energía hidroeléctrica.
   C. Transporta tierra a la zona.
   D. Se usa para barcos cargueros.

4. En el oriente asiático, los monzones NO generan
   A. vientos de más de 74 millas por hora.
   B. tormentas de polvo en el invierno.
   C. lluvias de verano.
   D. lluvia y nieve a las regiones continentales.

5. Los recursos minerales del oriente asiático
   A. están repartidos en forma equitativa entre los países.
   B. no están distribuidos en forma equitativa entre los países.
   C. se ubican sólo en Japón.
   D. los comparten Corea del Norte y Corea del Sur.

Pregunta de respuesta corta

¿Cómo compensan Japón y Corea del Sur su falta de recursos minerales?

____

____

____

____

¹ El **subcontinente** indio alguna vez estuvo unido al este de África. Luego, hace 200 millones de años, se desprendió y se deslizó a Asia. Hace unos 40 millones de años, chocó con Asia. El norte de la India y el sur de Asia ⁵ se contrajeron. Esto formó los Himalaya, que incluyen a las montañas más altas del mundo.

Principales accidentes geográficos del sur de Asia

El sur de Asia tiene forma de triángulo. La punta más estrecha se extiende hacia el océano. La nación más grande en el sur de Asia es la India. Pakistán y ¹⁰ Afganistán se encuentran al oeste de la India. Los Himalaya forman la frontera septentrional de la India con Nepal y Bhután. Al este se halla Bangladesh. Las naciones isleñas de Sri Lanka y Maldivas están cerca de la punta sur de la India.

¹⁵ Los Himalaya forman una barrera entre el sur de Asia y el resto de ese continente. Tiene una extensión de alrededor de 1,550 millas (2,500 kilómetros) de este a oeste. El monte Everest, la montaña más alta del mundo, está en los Himalaya.

²⁰ Dos importantes ríos en el sur de Asia nacen en los Himalaya. Son el Ganges y el Indo. El Ganges fluye por el norte de la India y desemboca en la bahía de Bengala. El Indo fluye hacia el oeste hasta Pakistán. Muchos pueblos viven en las llanuras cercanas a ambos ríos.

Junto con los ríos Indo y Ganges hay enormes llanuras **aluviales**. Los ríos transportan el agua y los minerales necesarios para la agricultura. La rica tierra fértil hace que esta zona sea buena para la agricultura. Aquí viven y cultivan muchos pueblos. ¿Recuerdas que el sur de Asia tiene forma de triángulo? En la punta sur y subiendo por ambos lados hay dos cordilleras: la Ghats del Oeste y la Ghats del Este. Entre estas cordilleras está la meseta Deccan. *Deccan* significa "sur" en sánscrito. Esto te ayudará a recordar dónde se ubica. ✔

Objetivo de la destreza de lectura

Lee el párrafo entre corchete para que sepas por qué los ríos Ganges e Indo son importantes para los pueblos del sur de Asia. Indica un hecho que hayas descubierto en tu lectura.

____

____

✔ Verifica tu lectura

¿Dónde se ubica la meseta Deccan?

____

____

Términos clave

subcontinente *s.* gran masa territorial que sobresale de un continente

aluvial *adj.* que está hecho de la tierra depositada por los ríos

Los climas del sur de Asia

Los monzones son importantes para el clima del sur
de Asia. Los monzones del verano soplan sobre el mar
Arábigo y el océano Índico y captan la humedad.
Cuando el aire atraviesa sobre la tierra caliente del
occidente de la India, se eleva y pierde su humedad en
forma de lluvia.

Las lluvias enfrían un poco las zonas costeras. Luego,
la siguiente masa de aire se adentra más en el territorio
antes de perder su humedad. Así, las lluvias monzónicas
se dirigen tierra adentro hasta llegar a los Himalaya.

En invierno, los monzones soplan del noreste. <u>Llevan
aire frío y seco hacia el glacial sur de Asia.</u> Pero los Himalaya bloquean el aire frío. Por ello, los países del sur de
Asia gozan de inviernos secos y templados. ☑

Uso de la tierra en el sur de Asia

Un 70 por ciento de los habitantes del sur de Asia vive
en zonas rurales. Muchos habitan en los fértiles valles
ribereños. Siembran todos los cultivos que pueden. ☑

En algunos países se siembran **cultivos comerciales,**
como té, algodón, café y caña de azúcar. Llegan a ganar
mucho dinero. Pero cuando bajan los precios o no se dan
las cosechas, los agricultores no ganan dinero suficiente.

La India posee muchos recursos minerales. Abunda el
mineral de hierro y carbón. Pero la India sólo tiene una
pequeña cantidad de petróleo, por lo que usa la energía
hidroeléctrica y la energía nuclear.

El sur de Asia es una de las regiones más densamente
pobladas del mundo. La mayoría de la población vive en
donde abundan las lluvias. Esto incluye las zonas
costeras, el noreste de la India y el país de Bangladesh.

Preguntas de repaso

1. ¿Qué accidente geográfico es una barrera natural entre
   el sur de Asia y el resto de ese continente?

2. Indica algunos cultivos comerciales en el sur de Asia.

Término clave

cultivo comercial s. cultivo que se siembra o cosecha para su
venta en el mercado local o mundial

Estrategia de vocabulario

¿Qué significa la palabra *glacial* en
la oración subrayada? Encierra
en un círculo las
palabras, frases u
oraciones circun-
dantes que podrían
ayudarte a saber lo
que significa *glacial*.
Luego, define lo que significa
glacial.

____

____

✓ Verifica tu lectura

Describe una de las formas en que
se diferencia el monzón del verano
del monzón del invierno.

____

____

✓ Verifica tu lectura

¿En qué tipo de zonas vive la
mayoría de los habitantes del sur
de Asia?

____

____

____

Una región seca rodeada por agua

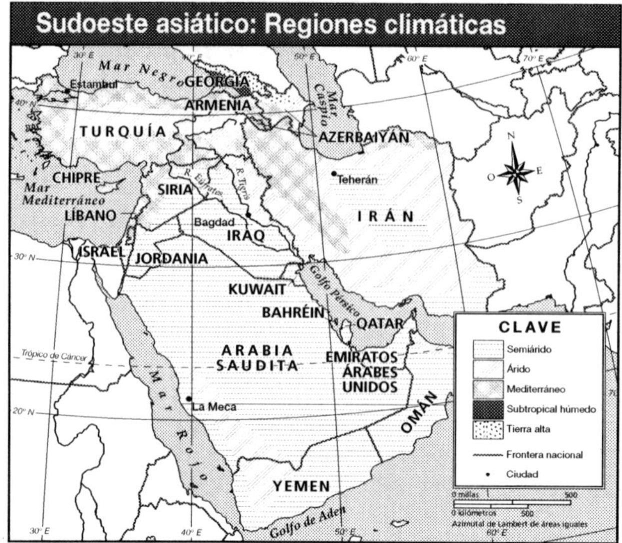

La mayor parte del sudoeste asiático es desértica. Recibe menos de 10 pulgadas (25 centímetros) de lluvia al año. El Rub´ al-Kahli es el desierto de arena más grande del mundo. Entre una lluvia y otra pueden pasar 10 años. No todos los desiertos están cubiertos por arena. Algunos tienen guijarros, grava y rocas.

El agua es muy valiosa en el sudoeste asiático. A los viajeros del desierto los alegra encontrar un oasis. Un oasis en el desierto puede mantener a una comunidad. Ahí los agricultores pueden sembrar y los pastores nómadas pueden críar ganado.

En la región, hay algunas zonas fértiles. Los ríos Tigris y Éufrates nacen en las montañas de Turquía y fluyen hacia el sur por Iraq. En su afluente, estos ríos depositan tierra rica en sus riberas. En la antigüedad, surgió una de las primeras civilizaciones del mundo en esta zona fértil. La región se conoció como Mesopotamia. ✔

El sudoeste asiático está rodeado por agua. La mayor parte de la región es cálida y seca. <u>Pero ciertas partes del sudoeste asiático poseen un clima mediterráneo.</u> Tienen veranos cálidos y secos, pero inviernos lluviosos y templados. Las costas de los mares Mediterráneo, Negro y Caspio tienen un clima mediterráneo, así como las zonas montañosas.

✓ Verifica tu lectura

¿Dónde nacen los ríos Tigris y Éufrates?

____

____

Estrategia de vocabulario

Observa la palabra *mediterráneo* en la oración subrayada. Tal vez no hayas visto esta palabra usada de esta manera, pero hay claves de lo que significa. Encierra en un círculo las palabras o frases que te ayuden a identificar su significado en este contexto. Luego, escribe una definición del término en el espacio siguiente.

____

____

____

Término clave

oasis *s.* zona en un desierto en donde suele disponerse de agua dulce proveniente de un manantial o pozo subterráneo

Recursos naturales del sudoeste asiático

Los dos recursos naturales más importantes en el
sudoeste asiático son el petróleo y el agua. El petróleo
es un recurso no renovable.

Del petróleo obtenemos gasolina y otros combustibles.
Es el recurso natural que genera más dinero para el
30 sudoeste asiático. Como en gran parte de la región el clima
es seco, el agua es el recurso que la gente necesita más.

El sudoeste asiático es la región productora de
petróleo más grande del mundo. El dinero proveniente
de la venta de petróleo ha mejorado el nivel de vida en
35 muchos países del sudoeste asiático. Cuentan con el
dinero suficiente para importar bienes y trabajadores de
otros países. Las naciones con poco petróleo o que
carecen de él suelen tener un nivel de vida más bajo. ✓

La mayoría de los países de la región deben usar la
40 irrigación para sembrar. La gente puede usar el agua de
los ríos o bombear agua desde el subsuelo.

Uso de la tierra en el sudoeste asiático

La tierra en el sudoeste asiático se usa para la agricultura,
el pastoreo nómada y la producción de petróleo. La
mayoría de la tierra cultivable está en la parte norte de la
45 región. El clima mediterráneo a lo largo de las costas
permite sembrar muchos cultivos.

Durante siglos, los beduinos han vivido en los desiertos del sudoeste asiático. Son pastores nómadas de
lengua árabe. Recorren una gran extensión de territorio
50 en busca de pastos y agua para sus animales. ✓

Preguntas de repaso

1. ¿Cómo afectan los ríos y los mares al sudoeste asiático?

____

____

2. Describe las maneras en las cuales el agua y el petróleo
son importantes para el sudoeste asiático.

____

____

Términos clave

petróleo _s._ líquido oleaginoso que se usa como combustible
recurso no renovable _s._ recurso natural que no puede reem-
plazarse fácilmente después de usarse
nivel de vida _s._ indicador de la educación, vivienda, salud y alimentación de una persona o grupo

---

En tus propias palabras, vuelve a
escribir el párrafo entre corchete.
Asegúrate de explicar qué es un
recurso no renovable en tus
propias palabras. _Pista:_ Vuelve a
escribir la definición de los términos clave del recuadro de abajo.

____

____

✓ Verifica tu lectura

¿Cómo ha mejorado el petróleo la
vida en algunos países del
sudoeste asiático?

____

____

____

✓ Verifica tu lectura

¿Quiénes son los beduinos?

____

____

He aquí los países de Asia central. Kazajstán es el país más grande y septentrional de Asia central. Al sur de este país, se encuentra Uzbekistán, Kirguizistán, Turkmenistán y Tayikistán. Afganistán forma el límite meridional de Asia central. Todos estos países, excepto Afganistán, formaron una vez parte de la Unión Soviética.

Principales características físicas de Asia central

Las principales características físicas de Asia central son las tierras altas, los desiertos y las estepas. Las montañas se hallan en la parte sudeste de la región. La cordillera Tian Shan cubre buena parte de Kirguizistán y Tayikistán.

El territorio al oeste de esta cordillera es más bajo y plano. El desierto Kara Kum cubre la mayor parte de Turkmenistán. El desierto Kyzyl Kum cubre gran parte de Uzbekistán. Y la estepa Kirghiz se ubica cerca de Kazajstán.

La mayor parte de Asia central tiene un clima seco. El interior es <u>árido</u> o extremadamente seco. Alrededor de esta región seca hay una franja estrecha de tierra semiárida que recibe un poco más de lluvia.

Hay dos cuerpos de agua importantes en este seco territorio. Uno es el mar Caspio, que en realidad es un lago salado. Es el lago más grande del mundo. Posee algunas de las reservas petroleras más grandes del mundo.

El mar de Aral se ubica en el interior de Asia central. También es un lago salado. Antes era el cuarto lago interior más grande del mundo. Empezó a decrecer desde la década de 1960, porque algunos de los lagos se habían secado. En ese tiempo, la ex Unión Soviética empezó a usar el agua de los ríos que fluyen hacia el mar de Aral para irrigar sembradíos. Esto causó que parte del lago se secara.

Término clave

estepa *s.* llanura grande, en su mayor parte plana, sin árboles, que está cubierta de pastos

---

Objetivo de la destreza de lectura

Resume los párrafos entre corchete. Trata de usar 25 palabras o menos.

____

____

____

____

✓ Verifica tu lectura

¿Qué tipo de clima posee la mayor parte de Asia central?

____

____

____

Estrategia de vocabulario

Supón que desconoces lo que significa la palabra *árido*. Observa el contexto de la palabra en busca de claves. Consulta un diccionario para ayudarte a averiguar su significado. Luego, escribe una definición breve de *árido* en el espacio siguiente.

____

____

Recursos naturales en Asia central

El petróleo es un recurso natural importante en Asia central. Otro es el gas natural. Kazajstán, Uzbekistán y Turkmenistán cuentan con grandes reservas de petróleo y gas. Turkmenistán posee la quinta reserva más grande de gas natural del mundo. ✓

Asia central también tiene otros minerales valiosos. Kazajstán posee grandes depósitos de carbón. Exporta la mayor parte de su carbón a las ex repúblicas soviéticas. La región también posee depósitos importantes de oro, cobre, hierro, plomo y uranio.

Uso de la tierra en Asia central

La mayor parte de la tierra en Asia central se usa para la agricultura. La cría de ganado y los cultivos son igualmente importantes. Los pueblos de Asia central han criado ovejas, caballos, cabras y camellos durante miles de años. El algodón es uno de los principales cultivos.

La agricultura en Asia central depende de la irrigación. En la década de 1960, la ex Unión Soviética deseaba aumentar la producción de algodón. Para ello, se construyeron canales a fin de llevar el agua de dos ríos e irrigar los campos algodoneros. Entre 1960 y 1980, la producción de algodón aumentó en más del triple.

Este proyecto de irrigación tomó agua de dos ríos que fluyen hacia el mar de Aral. En consecuencia, el mar empezó a secarse. La tierra alrededor del mar de Aral también lo padeció. Enormes cantidades de pesticidas se usaron en los cultivos de algodón. Estas sustancias, que matan insectos y malas hierbas, contaminaron el suelo. La destrucción del mar de Aral es uno de los mayores desastres del medio ambiente a nivel mundial. ✓

Preguntas de repaso

1. ¿Cuáles son las tres principales características físicas de Asia central?

____

____

____

2. ¿Cuáles fueron los efectos de la irrigación en el mar de Aral?

____

____

____

✓ **Verifica tu lectura**

¿Cuáles son dos de los principales recursos naturales de Asia central?

1. _______________________________

2. _______________________________

✓ **Verifica tu lectura**

¿Cómo perjudicaron los pesticidas la tierra en Asia central?

____

____

____

1. Los ríos Indo y Ganges hacen que las llanuras del norte de la India sean buenas para
   A. la minería.
   B. la agricultura.
   C. la acuicultura.
   D. generar energía eléctrica.

2. Los países del sur de Asia poseen climas con inviernos cálidos y secos porque
   A. se ubican a lo largo del ecuador.
   B. se ubican en una región desértica.
   C. los Himalaya bloquean el aire frío que sopla por los monzones de invierno.
   D. el Ghats del Este bloquea el aire frío que sopla por los monzones de invierno.

3. A buena parte del sudoeste asiático
   A. la irrigan los monzones.
   B. la cubren los Himalaya.
   C. la cubren los desiertos.
   D. se usa para la agricultura en terrazas.

4. ¿Cuál de los siguientes recursos genera más dinero para el sudoeste asiático?
   A. agua
   B. petróleo
   C. oro
   D. productos agrícolas

5. La agricultura en Asia central depende de
   A. la irrigación.
   B. los monzones.
   C. los trabajadores importados.
   D. los métodos tradicionales.

Pregunta de respuesta corta

¿Por qué consideras que una de las primeras civilizaciones del mundo surgió en Mesopotamia y no en algún lugar del sudoeste asiático?

____

____

____

____

La tierra del sudeste asiático

El sudeste asiático se divide en las zonas continental y de las islas. La parte continental es una península. Sobresale de la parte principal de Asia. Las islas se ubican hacia el oriente y el oeste entre los océanos Índico y Pacífico.

Las naciones de la parte continental son Camboya, Laos, Malasia, Myanmar, Tailandia y Vietnam. Malasia es parte tanto de la zona continental como de la zona de islas del sudeste asiático.

Hay cinco principales naciones en la zona de las islas del sudeste asiático: Singapur, Malasia, Brunei, Indonesia y Filipinas. La más grande de ellas es Indonesia. ✔

Las islas son parte del Anillo de Fuego, una región de volcanes y terremotos que rodea el océano Pacífico. Algunas de las islas son las cumbres de volcanes submarinos.

Clima y vegetación

Buena parte de la zona de las islas del sudeste asiático posee un clima húmedo tropical con temperaturas cálidas todo el año. No hay una temporada seca. A lo largo de la costa de la parte continental del sudeste asiático, la mayor parte de la tierra también goza de un clima húmedo tropical. Pero las zonas continentales tienen un clima húmedo y seco tropical o clima subtropical húmedo.

Los monzones son importantes para el sudeste asiático. Hay dos monzones de verano. Uno sopla desde el sudoeste hasta el océano Índico y alcanza la costa occidental. El otro sopla desde el sudeste hasta el océano Pacífico y alcanza la costa del sudeste. También hay un monzón de invierno que sopla desde el noreste hasta el océano Pacífico. Alcanza las Filipinas e Indonesia. (En las regiones de Indonesia pertenecientes al hemisferio sur, es un monzón de verano.)

Los monzones generan fuertes lluvias que a menudo ocasionan inundaciones. Toda esta humedad mantiene a los bosques tropicales. Los bosques tropicales del sudeste asiático son verdes y están llenos de plantas. ✔

Por desgracia, los climas tropicales también padecen los tifones, que son fuertes tormentas con mucho viento y lluvia. Con frecuencia, ocasionan daños a la propiedad y pérdida de vidas.

✓ Verifica tu lectura

Menciona la nación más grande de la zona continental del sudeste asiático.

____

Objetivo de la destreza de lectura

En el párrafo entre corchete, subraya la oración que establece la idea principal.

✓ Verifica tu lectura

¿Cuáles son los resultados de los monzones del sudeste asiático?

____

____

____

Uso de la tierra y los recursos en el sudeste asiático

40 Algunos habitantes del sudeste asiático practican la **agricultura de subsistencia**. Siembran el alimento suficiente para sus familias. Otras trabajan en grandes plantaciones. Este es un tipo de **agricultura comercial**. Entre los cultivos comerciales se hallan café, té y caucho.

45 El arroz ha sido el principal cultivo en el sudeste asiático. Necesita un clima cálido y abundante agua. Crece mejor si se planta en agua. En el sudeste asiático, usan un sistema de **arrozal** para cultivar el arroz. Indonesia y Tailandia están entre los principales produc-50 tores de arroz del mundo. El arroz también es un alimento importante para los habitantes locales.

Los bosques tropicales cubren gran parte de la región. Muchas clases diferentes de plantas crecen ahí. Son fuente de madera, medicamentos y sustancias químicas. 55 Por desgracia, se han talado extensas zonas para surtir de madera y crear tierras de cultivo. Uno de los resultados de esto han sido los deslaves. El sudeste asiático está tratando de equilibrar la necesidad de crecimiento económico con la necesidad de bosques tropicales. ✓

60 El <u>bambú</u> es otro recurso forestal. Este pasto tiene un tallo leñoso y crece con rapidez. Se usa para hacer casas, tuberías de irrigación, cuerdas y puentes. Varios países del sudeste asiático venden bambú a otros países.

Hay mucho petróleo y gas natural en la zona. Los 65 países del sudeste asiático usan el gas natural para generar electricidad. No compran petróleo a otras naciones.

Preguntas de repaso

1. Describe el clima de la zona de las islas en el sudeste asiático.

____

____

2. ¿Por qué el arroz crece bien en el sudeste asiático?

____

____

Términos clave

agricultura de subsistencia *s.* agricultura que proporciona sólo el alimento suficiente para una familia o una población

agricultura comercial *s.* siembra de cultivos y cría de ganado para su venta en el mercado local o mundial

arrozal *s.* campo plano inundado para sembrar arroz

Ambientes físicos únicos

Australia y Nueva Zelanda se encuentran entre los océanos Pacífico e Índico. Ambos están en el hemisferio sur (al sur del ecuador). Por ello, sus estaciones son opuestas a las de Estados Unidos. ✔

Nueva Zelanda y Australia están muy lejos de los otros continentes. Muchas de sus plantas y animales son <u>únicas</u>. No se hallan en otras partes de la Tierra. Por ejemplo, el kiwi y el pingüino de ojos amarillos sólo viven en Nueva Zelanda. Y los canguros y los koalas sólo existen en Australia. Estos dos últimos animales son marsupiales. En Australia, casi todos los mamíferos son marsupiales. Esto no es así en otra parte del mundo.

Los animales de Australia y Nueva Zelanda son especies únicas, debido a su aislamiento. El movimiento de las placas tectónicas —partes de la corteza terrestre— generaron su aislamiento. Australia, Nueva Zelanda y las islas del Pacífico se encuentran en una placa tectónica que antes fue parte de África. Hace cientos de millones de años, esta placa se separó de África y se desplaza lentamente —una pulgada o dos al año— hacia Asia.

Al paso de los siglos, han ocurrido pequeños cambios en los animales y las plantas de Australia y las islas. Por ejemplo, muchas aves perdieron la capacidad de volar. Por estar tan lejos de otras masas continentales, estos animales no se han extendido a otras regiones.

Geografía física de Australia

Australia es el continente más pequeño de la Tierra. Tiene casi el tamaño de Estados Unidos sin Alaska y Hawai.

Los vientos que soplan por el océano Pacífico llevan lluvia y generan un clima templado y agradable en la costa oriental. La mayoría de los australianos vive en ciudades a lo largo de las costas del este y sudeste de Australia. Los ríos corren por una tierra de cultivo fértil en la parte sudeste del país. ✔

Términos clave

marsupial *s.* animal, como el canguro, que porta a su cría en una bolsa corporal

placa tectónica *s.* bloque de piedra enorme que se mueve muy lentamente sobre una capa más ligera que está por debajo de la superficie de la corteza terrestre

---

✓ Verifica tu lectura

¿En qué hemisferio se ubican Australia y Nueva Zelanda?

____

____

Estrategia de vocabulario

A partir de las claves de contexto, escribe una definición de la palabra *únicas*. Encierra en un círculo las palabras o frases en el texto que te ayudaron a escribir tu definición.

____

____

Objetivo de la destreza de lectura

¿Qué detalle en el párrafo entre corchete apoya la idea principal: las plantas y los animales de Australia y Nueva Zelanda ya no son lo que eran antes?

____

____

✓ Verifica tu lectura

¿Por qué las costas del este y del sudeste de Australia son buenos lugares para vivir?

____

____

Geografía física de Nueva Zelanda

Nueva Zelanda es mucho más pequeña que Australia.
35 Está formada por dos principales islas: la Isla del Norte y
la Isla del Sur. Ambas cuentan con bosques, lagos y montañas. Estas islas las formaron los volcanes.

El clima de Nueva Zelanda es más frío que el de
Australia porque está más lejos del ecuador. Ningún
40 lugar en Nueva Zelanda está muy alejado del mar. Por
eso el país posee una clima templado y abundante lluvia.

Hay una meseta volcánica en medio de la Isla del
Norte, con tres volcanes activos. Al norte de los volcanes,
los **géisers** arrojan agua caliente. Los neocelandeses usan
45 esta energía para producir electricidad. La capital de
Nueva Zelanda, Wellington, está en la Isla del Norte.
También Auckland, la ciudad más grande del país.

La Isla del Sur cuenta con una elevada cordillera llamada Alpes Meridionales. Los glaciares cubren las
50 montañas. También hay lagos y **fiordos.** Al sudeste se
encuentra la fértil Llanura de Canterbury. La mayor parte
de los cultivos en Nueva Zelanda se siembran ahí. Los
rancheros también crían ovejas y ganado. ✔

✓ Verifica tu lectura

¿Por qué es importante la Llanura de Canterbury para Nueva Zelanda?

AUSTRALIA
- más grande que Nueva Zelanda
- clima lluvioso y templado en la costa, seco y cálido en el continente

(intersección)
- la mayoría de las personas vive en ciudades costeras
- recursos: carbón, mineral de hierro, gas natural
- cría de ovejas y ganado; agricultura

NUEVA ZELANDA
- más pequeña que Australia
- montañas más altas que las de Australia
- clima templado y abundante lluvia
- glaciares

Preguntas de repaso

1. Describe la manera como Australia y Nueva Zelanda se aislaron de los otros continentes.

2. ¿Cómo se formaron las islas de Nueva Zelanda?

Términos clave

géiser *s.* manantial que arroja un chorro de agua y vapor

fiordo *s.* extensión de mar larga y estrecha bordeada por pendientes empinadas que fueron creadas por glaciares

El océano Pacífico cubre cerca de una tercera parte de la superficie terrestre. Está provisto de cientos de islas. Entre éstas se hallan la segunda isla más grande del mundo: Nueva Guinea. También comprende la nación isleña más pequeña del mundo: Nauru, que tiene tan sólo 8 millas cuadradas (21 kilómetros cuadrados).

Las islas del Pacífico se dividen en tres principales grupos: Melanesia, Micronesia y Polinesia. Cada uno de estos grupos cubre una determinada zona.

Islas altas e islas bajas

Las islas del Pacífico también se dividen en islas altas e islas bajas. Las islas altas son montañosas. Las formaron los volcanes. Su tierra fértil está constituida por ceniza volcánica. Por su tamaño más grande y porque ahí la gente puede sembrar, las islas altas pueden mantener a más personas que las islas bajas. ✓

Las islas bajas están formadas por arrecifes de coral o atolones. Son muchas menos las personas que viven ahí. Esto se debe en parte a que las islas bajas son muy pequeñas. Además, tienen tierra arenosa y mala y poca agua dulce. Resulta difícil sembrar ahí. La mayoría de los habitantes de las islas bajas sobrevive de la pesca.

Melanesia, Micronesia y Polinesia

El grupo de islas que tiene más población es Melanesia. Está al noreste de Australia. La mayor parte de estas grandes islas son islas altas. Nueva Guinea, Fiji y las Islas Salomón forman parte de Melanesia.

Micronesia está formada en su mayor parte por islas bajas. Cubre una zona del Pacífico del tamaño de la parte continental de Estados Unidos. Casi todas las islas están al norte del ecuador y son muy pequeñas. La más grande es Guam.

Términos clave

isla alta *s.* isla formada a partir de la cumbre montañosa de un antiguo volcán

isla baja *s.* isla formada por arrecifes de coral o atolones

coral *s.* material parecido a la piedra formado por esqueletos de criaturas marinas diminutas

atolón *s.* isla de coral pequeña con forma de anillo

Objetivo de la destreza de lectura

En una oración, establece la idea principal de los párrafos entre corchete.

____

____

____

Estrategia de vocabulario

Antes de leer la definición de *islas altas* en el recuadro al final de la página, trata de usar el contexto para comprender su significado. Encierra en un círculo las palabras o frases que te proporcionaron claves.

✓ Verifica tu lectura

¿En qué tipo de isla vive la mayoría de los habitantes de las islas del Pacífico? ¿Por qué?

____

____

____

Polinesia es el grupo de islas más grande en el Pacífico. Incluye el estado de Hawai. Polinesia posee muchas islas altas, incluida Tahití y Samoa. Sus elevadas montañas volcánicas están cubiertas por densos bosques
35 tropicales. A lo largo de las costas hay playas arenosas con palmeras. Tonga es una de las pocas islas bajas y atolones de Polinesia. ✓

Clima y vegetación en las islas del Pacífico

Las islas del Pacífico están en los trópicos. Las temperaturas son cálidas todo el año. Pero los vientos marítimos
40 impiden que las temperaturas se eleven demasiado.

Algunas islas del Pacífico cuentan con estaciones húmedas y secas. Sin embargo, la mayoría de ellas reciben mucha lluvia todo el año. Algunas islas bajas sólo reciben lluvias aisladas.

45 La rica vegetación de las islas altas es resultado de sus elevadas temperaturas, abundante lluvia y tierra fértil. Las colinas están cubiertas de bosques tropicales. En las tierras bajas crecen los pastos de la sabana, pero tienen poca vegetación. Su tierra pobre sólo permite que crezcan palme-
50 ras, pastos y pequeños arbustos. ✓

Recursos naturales y uso de la tierra

La región de las islas del Pacífico cuenta con pocos recursos naturales. El más importante es la palma de coco. Proporciona alimento, ropa y refugio. Otro recurso importante son los peces.

55 Algunos países de las islas del Pacífico siembran cultivos comerciales. Por ejemplo, Fiji produce caña de azúcar. Otro cultivo comercial importante en la región es la copra, es decir, coco seco. Se usa en margarinas, aceites comestibles, sopas y cosméticos. ✓

60 El recurso más valioso de las islas del Pacífico probablemente sea su belleza natural. El turismo es una fuente importante de ingresos en la región.

Preguntas de repaso

1. Menciona los tres grupos de islas del Pacífico.

____

____

2. Indica la diferencia entre las islas altas y las islas bajas del Pacífico.

____

____

✓ Verifica tu lectura

¿A qué grupo de islas pertenece Hawai?

____

____

✓ Verifica tu lectura

¿Por qué las islas bajas poseen poca vegetación?

____

____

____

✓ Verifica tu lectura

Da dos ejemplos de cultivos comerciales que se siembran en las islas del Pacífico.

____

____

1. Tailandia, Camboya y Vietnam son parte de
   A. las islas del sudeste asiático.
   B. Polinesia.
   C. Micronesia.
   D. la parte continental del sudeste asiático.

2. La región de volcanes y terremotos que rodea el océano Pacífico se llama
   A. atolones coralinos.
   B. islas altas.
   C. Malasia.
   D. Anillo de Fuego.

3. ¿Dónde vive la mayoría de los australianos?
   A. a lo largo de las costas occidental y norte
   B. a lo largo de las costas oriental y del sudeste
   C. a lo largo de las costas occidental y sur
   D. en el centro del país

4. Los neocelandeses usan la energía de los _______________ para producir electricidad.
   A. volcanes
   B. corales
   C. terremotos
   D. géiseres

5. Los recursos naturales de las islas del Pacífico incluyen
   A. margarina, aceite comestible y sopa.
   B. arrozales, monzones y tifones.
   C. cocoteros, peces y su belleza natural.
   D. petróleo, gas natural y agua.

Pregunta de respuesta corta

¿Por qué quienes practican la agricultura de subsistencia en el sudeste asiático siembran arroz en lugar de caucho?

____

____

____

____

Civilizaciones del oriente asiático

Partes importantes de una civilización	
ciudades	clases sociales
un gobierno central que rige toda la zona	trabajadores que son buenos para determinadas labores

1 La civilización china ha existido desde hace mucho más tiempo que cualquier otra civilización. Durante siglos, China se mantuvo reservada. Los orgullosos líderes llamaban a China el Reino Medio. Para ellos, China era 5 el centro del universo.

Los antiguos chinos inventaron el papel, la pólvora, los tejidos de seda, la brújula magnética, la imprenta y los mecanismos de relojería. También construyeron canales, diques, puentes y sistemas de irrigación. ✓

10 Desde tiempos remotos, China estuvo gobernada por **emperadores**. Asimismo, China ha sido gobernada por ocho **dinastías** importantes.

En Corea surgió otra civilización. La historia de Corea está estrechamente ligada a la de China. Por ejemplo, los 15 colonizadores chinos compartieron sus conocimientos y costumbres con los coreanos. Corea también fue gobernada por dinastías, pero sólo tres. La primera, llamada dinastía Shilla, <u>unificó</u> a Corea como país en el año 668 d.C.

También en Japón se desarrolló una civilización 20 antigua. Durante buena parte de la historia de Japón, los **clanes** lucharon entre sí por tierra y poder. Alrededor del año 500 d.C., el clan de los Yamato se hizo poderoso. Sus líderes se convirtieron en emperadores, pero tenían poco poder. Durante más de 700 años, los shogunes, o "gene- 25 rales del emperador", hicieron las leyes de Japón. Los guerreros llamados samurais hacían cumplir las leyes.

Japón no tuvo trato con otros países desde 1640 hasta alrededor de 1853. Sus gobernantes creían que eso mantendría unido al país.

✓ Verifica tu lectura

Menciona cuatro inventos de los chinos.

____

____

____

____

Objetivo de la destreza de lectura

Busca la palabra subrayada *unificó*. Encierra en un círculo la frase en la oración que ofrece una clave de contexto sobre lo que significa unificó.

Términos clave

emperador *s.* gobernante varón de un imperio

dinastía *s.* cantidad de gobernantes sucesivos que son de la misma familia

clan *s.* grupo de familias que comparten el mismo antepasado

Difusión de la cultura en el oriente asiático

30 Muchos descubrimientos chinos se divulgaron a Corea y Japón. Esta divulgación de ideas se denomina difusión cultural. También las creencias se divulgaron. Por ejemplo, la religión del budismo llegó a China de la India. Luego, se difundió de China a Corea y Japón. ☑

Los occidentales en el oriente asiático

35 Durante el siglo XIX, los europeos y estadounidenses querían vender sus productos en el oriente asiático. En 1853, el comodoro estadounidense Matthew Perry zarpó hacia Japón con cuatro barcos de guerra y obligó a ese país a conceder derechos comerciales a Estados Unidos.
40 En 1899, Estados Unidos anunció que China también se abriría al comercio y con todas las naciones.

Los chinos culparon al emperador de la situación. En 1911, estalló una revolución que estableció una república.

Casi al mismo tiempo, Japón empezó a desear el con-
45 trol de otros países asiáticos, pues quería sus recursos. En 1941, Japón inició la Segunda Guerra Mundial en el oriente asiático al atacar a los países cercanos. Estados Unidos y sus aliados derrotaron a Japón en 1945. ☑

Tras la Segunda Guerra Mundial, estalló una guerra
50 civil en China entre nacionalistas y comunistas. Los comunistas ganaron en 1949 e hicieron de China una nación comunista. Luego de la Segunda Guerra Mundial, Corea se dividió. En 1950, la comunista Corea del Norte invadió a Corea del Sur. Estados Unidos dio apoyo mili-
55 tar a Corea del Sur. Lucharon por tres años, pero nadie ganó. Corea aún son dos países hoy en día.

Preguntas de repaso

1. ¿Quién gobernó las antiguas civilizaciones del oriente asiático?

____

____

2. ¿Por qué zarpó hacia Japón en 1853 Matthew Perry?

____

____

Términos clave

difusión cultural *s.* divulgación de ideas o prácticas de una cultura a otras

comunista *adj.* tener un gobierno que controla las industrias, empresas y la tierra de un país

---

Mientras lees esta página, busca las siguientes palabras y frases  señal que indican el momento en que sucedió algo. Encierra en un círculo las palabras señal cuando las halles.

Luego
en 1899
casi al mismo tiempo
tras la Segunda Guerra Mundial

✓ Verifica tu lectura

Da un ejemplo de algo que se haya divulgado de China a Corea y Japón por medio de la difusión cultural.

____

____

✓ Verifica tu lectura

¿Cómo inició Japón la Segunda Guerra Mundial en el oriente asiático?

____

____

Tradición y cambio

En 1949, los comunistas se hicieron del poder en China. Empezaron a realizar cambios en las tradiciones chinas. Por ejemplo, la gente solía poseer sus propias granjas y tierras. El gobierno reemplazó el viejo sistema de la propiedad privada de la tierra por **comunas**.

Muchos agricultores trabajaban en grupos familiares en campos pequeños. Rechazaron trabajar en las comunas, así que no producían alimento suficiente para el pueblo. La producción aumentó cuando el gobierno per-
10 mitió cierta propiedad privada de la tierra.

Otro cambio se dió en la década de 1970. La población china era grande. Los comunistas trataron de reducirla promoviendo familias pequeñas. Se suponía que las pare-jas aplazaran el matrimonio y sólo tuvieran un hijo.

15 Los comunistas también modificaron los derechos de las mujeres. Aprobaron una ley que permitió a las mujeres poseer propiedades, elegir a su marido y divor-ciarse. Pero, en la actualidad, los hombres aún mantienen la mayoría del poder. Los matrimonios siguen arreglán-
20 dose. En un matrimonio arreglado, los padres o la familia deciden quién se casará con quién.

En el oriente asiático actual, tradición y cambio se mezclan de muchas formas. En China, las antiguas tradi-ciones son más fuertes en el campo. Pero existen también
25 en las ciudades. Diminutas tiendas se asientan junto a modernos edificios. Las personas se mueven en autos o en taxis de tres ruedas que se pedalean como una bicicleta.

En ambas Coreas, las tradiciones influyen en la vida diaria. La familia es importante. Pero las familias actuales
30 son más pequeñas que antes. En el campo, abuelos, padres, tías y tíos llegan a vivir en un mismo hogar. En las ciudades, normalmente sólo los padres y los hijos viven juntos. El papel de la mujer también ha cambiado. En el pasado, las coreanas tenían muy pocas oportu-
35 nidades. En la actualidad, las mujeres trabajan y votan.

Japón es el país más moderno del oriente asiático. Ahí, las personas usan tecnología moderna. Casi 80 por ciento de los japoneses viven en las ciudades. Aunque

---

Objetivo de la destreza de lectura

Usa el párrafo entre corchete para ayudarte a definir *propiedad privada de la tierra*.
Encierra en un círculo las frases que te proporcio-nan claves.
Luego, escribe una definición en el espacio siguiente.

____

____

____

Término clave

comuna *s.* comunidad en la que las personas poseen la tierra como grupo y en donde viven y trabajan juntas

muchos aún siguen costumbres tradicionales. Por ejem
40 plo, en el hogar se ponen kimonos, o togas, y se sientan
en esteras a comer en una mesa baja. ✓

Pueblos del oriente asiático

El oriente asiático es una mezcla de culturas antiguas y
nuevas. Pero en cada país, la gente comparte una sola
cultura.

45 Cerca de 19 de cada 20 chinos son del grupo étnico
Han. Casi todos los Han viven en el este de China. Todos
los Han usan el mismo lenguaje escrito. Pero hablan
diferentes dialectos de una región a otra.

Los otros chinos provienen de 55 grupos minoritarios
50 diferentes. Estos grupos viven principalmente en el occidente y el sur de China. China posee más diversidad de
grupos étnicos que la mayoría de los otros países. ✓

Corea tiene una diversidad mucho menor. Los historiadores consideran que el antiguo lenguaje coreano
55 lo trajeron los nómadas del norte. Con el tiempo, estos
grupos llegaron a compartir las mismas tradiciones.
La población se volvió homogénea. Eso significa que
las personas son muy parecidas. Hoy en día, hay pocos
grupos minoritarios en Corea.

Japón es una nación isleña. Y durante muchos años,
no tuvo trato con el resto del mundo. Por estas razones,
cuenta con una de las poblaciones más homogéneas en la
Tierra. Casi todos los japoneses pertenecen al mismo
grupo étnico. Para cualquiera que no sea japonés, resulta
difícil convertirse en ciudadano de Japón.

Preguntas de repaso

1. ¿Qué cambios realizaron los comunistas en China?

____

____

2. ¿A qué grupo étnico pertenece la mayoría de los chinos?

____

____

Términos clave

grupo étnico *s.* grupo de personas que comparten características como lenguaje, religión y antepasados
dialecto *s.* variante de un lenguaje que se habla en una región o
zona en particular
nómada *s.* persona que no posee una casa fija, sino que se
desplaza de un lugar a otro
homogéneo *adj.* idéntico o similar

✓ Verifica tu lectura

¿Cuál es el país más moderno en el oriente asiático?

____

____

____

✓ Verifica tu lectura

¿En qué se diferencia la población de China de las poblaciones de la mayoría de los otros países?

____

____

____

Estrategia de vocabulario

En el párrafo entre corchete, se usa una palabra o frase señal para indicar causas y efectos. Halla la palabra señal y enciérrala en un círculo. Luego, escribe la causa y el efecto en el espacio proporcionado.

Causa: _______________________

____

Efecto: _______________________

____

1. ¿Qué civilización ha existido durante más tiempo que cualquier otra civilización?
   - **A.** China
   - **B.** Corea del Norte
   - **C.** Corea del Sur
   - **D.** Japón

2. ¿Por qué los líderes japoneses querían evitar el trato con otros países?
   - **A.** No querían comprar bienes de otras tierras.
   - **B.** No tenían suficientes bienes que vender a otros países.
   - **C.** Creían que eso mantendría unido al país.
   - **D.** No querían aprender otros idiomas y costumbres.

3. El budismo se divulgó de China a las dos Coreas. Éste es un ejemplo de
   - **A.** migración cultural.
   - **B.** irrigación.
   - **C.** difusión cultural.
   - **D.** gobierno comunista.

4. ¿En qué cambiaron los derechos de las mujeres en China bajo el gobierno comunista?
   - **A.** Perdieron muchos de sus antiguos derechos.
   - **B.** Se vieron obligadas a casarse a menudo con maridos que no habían elegido.
   - **C.** Ya no se les permitió divorciarse.
   - **D.** Se les permitió tener propiedades.

5. ¿Qué país del oriente asiático cuenta con la mayor cantidad de grupos étnicos?
   - **A.** Corea del Norte
   - **B.** Corea del Sur
   - **C.** China
   - **D.** Japón

Pregunta de respuesta corta

¿Cuáles son las partes importantes de una civilización?

____

____

____

____

CAPÍTULO 22

Resumen de la Sección 1

Nuevas religiones

El Valle del Indo, en el actual sudeste asiático, fue hogar de una antigua civilización. Ésta prosperó durante siglos. Pero alrededor del año 1500 a.C. estaba por llegar a su fin.

Casi en el mismo período, a la región llegó un grupo nuevo. Trajo consigo una nueva cultura. Ésta se combinó después con las antiguas lenguas y creencias de los pobladores del Valle del Indo. Así surgió una nueva cultura. A quienes practicaron esta cultura mixta se le llamó arios.

Los arios gobernaron el norte de la India durante más de 1,000 años. Dividieron a la población en cuatro clases: 1) sacerdotes e ilustrados; 2) gobernantes y guerreros; 3) agricultores, artesanos y comerciantes, y 4) peones. Esta división se llamó sistema de **castas.**

Este sistema de castas se volvió parte de una nueva religión fundada en la India, el hinduismo. Es una de las religiones más antiguas del mundo. Los hindúes adoran a muchos dioses y diosas, que constituyen distintas partes de un solo espíritu. En la actualidad, el hinduismo es la principal religión en la India. ✓

En la India también nació el budismo. Éste se basa en la idea de que renunciar a los deseos egoístas liberará a la gente del dolor. El budismo se difundió a muchas partes de Asia: China, el Tíbet, Corea y Japón. Pero casi ha desaparecido en la India.

De imperios a naciones

Observa la siguiente gráfica para que aprendas sobre los imperios de la antigua India.

Imperio Maurya 321 a 185 a.C.	Imperio Gupta 320 a 550 d.C.	Imperio Mughal 1556 al siglo XVIII
• conquistó muchos reinos • apoyó el budismo • tuvo leyes para un gobierno justo	• gobierno central sólido • desarrolló un sistema de escritura de numerales • creó templos y pinturas murales	• introdujo el islamismo • fomentó las artes y la literatura

✓

Término clave

casta *s.* en la religión hindú, grupo social en el que las personas nacen y no pueden cambiar

---

✓ **Verifica tu lectura**

¿Qué religión antigua fundada en la India es la principal religión ahí en la actualidad?

____

____

✓ **Verifica tu lectura**

¿Cuáles son algunas contribuciones del Imperio Gupta?

____

____

____

A finales del siglo XVIII, buena parte del subcontinente indio estaba gobernada por los británicos. En 1858, la India se convirtió oficialmente en **colonia** británica.

30 A principios del siglo XX, el pueblo de la India quería su independencia de Gran Bretaña. Un líder hindú de nombre Mohandas K. Gandhi pidió a los hindúes que lucharan contra el gobierno británico. Pero Gandhi quería que en la lucha se usaran medios no violentos. Por ejem-35 plo, instó a realizar un **boicot** a los bienes británicos. Gran Bretaña concedió a la India su libertad en 1947.

Los musulmanes de la India era superados en canti- dad por los hindúes. Temían perder sus derechos des- pués de la independencia. Por tanto, decidieron luchar 40 por un estado separado. La lucha generó una **partición** del subcontinente en Pakistán y la India en 1947. La ma- yoría en Pakistán eran musulmanes; la mayoría en la India eran hindúes.

Desde su independencia, Pakistán y la India han 45 luchado por el control de Cachemira, una zona en la frontera entre la India y Pakistán.

Culturas del sur de Asia en la actualidad

La historia da forma a las culturas del sur de Asia. El hin- duismo y el islamismo son actualmente las principales religiones del sur de Asia. Cerca de 80 por ciento de los 50 habitantes de la India son hindúes. El hinduismo también es la principal religión de Nepal. El islamismo es la prin- cipal religión de Pakistán y Bangladesh. ✓

En el sur de Asia se hablan muchas lenguas. La India tiene 15 lenguas importantes. Un 30 por ciento de hindúes 55 habla hindi. El inglés también es un idioma oficial.

Preguntas de repaso

1. ¿Qué grupo de personas creó el sistema de castas?

____

____

2. ¿Qué condujo a la partición de la India en 1947?

____

____

Términos clave

colonia *s.* territorio gobernado por otra nación
boicot *s.* negarse a comprar o usar bienes y servicios para mostrar desaprobación o generar un cambio
partición *s.* división en partes

Mesopotamia

Una de las civilizaciones más antiguas del mundo se desarrolló entre los ríos Tigris y Éufrates. La región se llamó Mesopotamia, que significa "entre los ríos". Se encuentra en el actual Irak. ✓

Los mesopotamios crearon un sistema de escritura. También tenían ideas sobre la ley que la gente usa en la actualidad. Por ejemplo, consideraban que todos debían obedecer las mismas leyes.

Lugar de nacimiento de tres religiones

Tres de las principales religiones del mundo surgieron en el sudoeste asiático. Son el judaísmo, el cristianismo y el islamismo.

Alrededor del año 2000 a.C., Abraham fundó el judaísmo. Abraham era un mesopotamio que se mudó a Canaán, en la costa este del mar Mediterráneo. Canaán se conocería posteriormente como Palestina. Los judíos vieron a Palestina como su tierra natal.

Casi 2,000 años después, Jesús empezó a predicar en Israel. Jesús fue un judío que recorrió toda Palestina. El cristianismo se basa en la vida y enseñanzas de Jesús.

Alrededor del año 600 d.C., el fundador del islam, Mahoma, empezó a predicar en la actual Arabia Saudita. Hoy en día, el islamismo es la religión más grande en el sudoeste asiático. Cinco veces al día, los musulmanes oran convocados por un **almuecín**.

Quienes practican estas tres religiones comparten una creencia en el **monoteísmo**. Adoran al mismo Dios. Éste se conoce como Alá en el islam.

Religiones principales fundadas en el suroeste asiático			
	Judaísmo	**Cristianismo**	**Islamismo**
Lugar de nacimiento	Palestina	Palestina	Arabia Saudita
Fundada en	2000 a.C.	30 d.C.	600 d.C.
Fundada por	Abraham	Jesús	Mohammad
Sistema de creencias	monoteismo	monoteismo	monoteísmo
Texto sagrado	Torah	Biblia (incluida la Torah)	Corán
Seguidores	Judíos	Cristianos	Musulmanes ✓

Términos clave

almuecín *s.* persona que convoca a orar a los musulmanes

monoteísmo *s.* creencia en un solo dios

✓ Verifica tu lectura

¿En qué país actual se desarrolló Mesopotamia?

____

____

Estrategia de vocabulario

El monoteísmo es la creencia en un solo dios. *Poli-* significa "muchos". ¿Qué piensas que significa la palabra *politeísmo*?

____

____

✓ Verifica tu lectura

¿Por qué se considera que el sudoeste asiático es el lugar de nacimiento del judaismo, el cristianismo y el islamismo?

____

____

____

Diversas culturas en el sudoeste asiático

Los habitantes del sudoeste asiático son una mezcla de grupos étnicos. Los árabes que hablan árabe son el grupo más grande en la región. El islamismo es la religión principal. Los pueblos que no son árabes viven en Israel, Turquía e Irán. En Israel la mayoría son judíos. La mayoría en Turquía son turcos, pero algunos son kurdos. Alrededor de la mitad de los pobladores de Irán son persas. ✓

Sudoeste asiático: historia reciente

Antes y durante la Segunda Guerra Mundial, la Alemania nazi mató a más de seis millones de judíos europeos tan sólo porque eran judíos. Esto se conoce como Holocausto. Muchos judíos ven a Palestina como su tierra natal. Pero la mayoría fueron expulsados de la zona en tiempos antiguos. Muchos de los sobrevivientes del Holocausto migraron a Palestina. En 1948, los judíos crearon un estado judío, Israel.

Los árabes que vivían en Palestina la veían también como su tierra natal. Varias naciones árabes invadieron Israel. Israel expulsó a las fuerzas árabes. Desde 1948, Israel y sus vecinos árabes han librado varias guerras.

Los israelíes y los palestinos han trabajado en favor de la paz. Pero el conflicto entre los grupos continúa.

Otro conflicto ocurrió en Irak, que fue derrotado en la guerra del Golfo Pérsico en 1991. Su líder, Saddam Hussein, se negó a cooperar con las Naciones Unidas. En marzo del 2003, las fuerzas estadounidenses atacaron Irak. Tres semanas después, Saddam cayó del poder. Irak tuvo elecciones democráticas en 2005, pero los problemas continúan. ✓

Preguntas de repaso

1. Explica la ubicación de Mesopotamia.

2. ¿Qué grupos étnicos viven actualmente en el sudoeste asiático?

Término clave

Holocausto *s.* masacre sistemática de más de seis millones de judíos europeos y otras personas por parte de la Alemania Nazi antes y durante la Segunda Guerra Mundial

---

✓ Verifica tu lectura

¿Cuál es el principal grupo étnico en Israel?

Objetivo de la destreza de lectura

Si migrar significa "mudarse de un país o lugar a otro", ¿qué es *migración*?

✓ Verifica tu lectura

Da un ejemplo de conflicto en el sudoeste asiático.

Lugar de encuentro de imperios

Asia central se ubica entre el oriente de Asia y Europa. Fue un cruce de caminos para caravanas de mercaderes y ejércitos. Docenas de grupos étnicos se asentaron ahí. Cada grupo llevó consigo ideas y formas de vida nuevas.

Hace más de 2,000 años, la Ruta de la Seda enlazaba a China con Europa. Durante cientos de años mantuvo a Asia central en contacto con el oriente y el sudoeste asiático y con Europa. Además de bienes, los comerciantes intercambiaban ideas e inventos. Las ciudades crecieron en los oasis que había a lo largo de la ruta.

La Ruta de la Seda trajo riqueza, y también invasores. Muchos grupos lucharon por controlar Asia central. Algunos gobernaron por cientos de años. Pero a cada grupo lo reemplazaron nuevos invasores.

Cada conquistador dejó una marca en la región. Por ejemplo, alrededor del año 700 d.C., un imperio musulmán se extendió por toda Asia central. Muchos pueblos empezaron a practicar el islamismo. Hoy en día, la mayoría de los pobladores de la región son musulmanes.

A finales del siglo XIII, dejó de usarse la Ruta de la Seda como la principal ruta comercial. En su lugar se usaron rutas marítimas. Pero esto no impidió que las potencias extranjeras trataran de controlar la región.

En el siglo XIX, Rusia se apoderó de partes de Asia central. Construyó vías férreas, fábricas y grandes granjas en la región. Algunos rusos se mudaron ahí y llevaron consigo nuevas formas de vida. Pero la vida de la mayoría siguió siendo la misma. Practicaban el islamismo y vivían como pastores nómadas.

En 1922, los comunistas rusos formaron la Unión Soviética. Ampliaron su control sobre buena parte de Asia central. Dividieron la región en cinco repúblicas.

Los soviéticos obligaron a los nómadas a asentarse y trabajar en granjas colectivas. Las granjas no producían suficiente alimento. Como un millón de habitantes de Asia central murieron de hambre en la década de 1930.

Término clave

granja colectiva *s.* en un país comunista, una granja grande conformada de varias granjas privadas reunidas en una sola unidad y controlada por el gobierno

---

✓ Verifica tu lectura

¿Cuál fue el resultado de las granjas colectivas que los soviéticos establecieron en Asia central?

____

____

____

Los soviéticos no permitían muchas libertades a la gente. Trataron de mantenerse alejados de la religión y la cultura musulmanas.

40 En 1979, los soviéticos invadieron Afganistán. Las fuerzas afganas combatieron a los soviéticos durante muchos años. Los soviéticos cedieron y sacaron a sus tropas en 1989. Entonces un grupo conocido como los talibanes asumió el control de la mayor parte del país. 45 En 2001, Estados Unidos invadió el país y derrotó a los talibanes. Desde entonces, los afganos han tenido elecciones democráticas.

Después de la independencia

En 1991, se desintegró la Unión Soviética. Las cinco repúblicas soviéticas de Asia central se convirtieron en 50 países independientes.

Cada uno de los nuevos países adoptó como nombre el de su principal grupo étnico. El sufijo –stan es una palabra persa que significa "lugar de" o "tierra de". Kazajstán significa "lugar de los kazaj". A los cinco países, 55 junto con Afganistán, suele llamárseles "los Stans".

Los nuevos países son diferentes en muchos sentidos. El más grande es Kazajstán. Cuenta con importantes recursos naturales, como petróleo y gas natural. El más pequeño, Tayikistán, está en las montañas y es muy 60 pobre. ✔

Desde su independencia, los nuevos países empezaron a gobernarse solos. La mayor parte de ellos padece de una economía débil. Muchas personas están sin trabajo. La asistencia sanitaria y la educación no son buenas y resulta difícil recibirlas.

Pero la gente está orgullosa de su cultura. Enseña su religión a los hijos. También pueden expresarse en sus lenguas natales en las escuelas, los libros y las noticias.

Preguntas de repaso

1. ¿Dónde se ubica Asia central?

____

____

2. Describe una de las formas en que el gobierno soviético influyó en Asia central.

____

____

____

Estrategia de vocabulario

Al principio de este capítulo, leíste sobre otro país cuyo nombre termina con "-*stan*". ¿De qué país se trata?

____

____

✓ Verifica tu lectura

Menciona dos importantes recursos naturales de Kazajstán.

1. ______________________________

2. ______________________________

Objetivo de la destreza de lectura

Busca la palabra *gobernarse* en la primera oración del párrafo entre corchete. Compárala con la palabra *gobierno*. Recuerda que ambas provienen de una palabra latina que significa "dirigir". ¿En qué difiere el significado de *gobernarse* del de *gobierno*?

____

____

____

1. ¿Cuál de los siguientes sucesos en el sur de Asia sucedió al final?
   A. Se fundó el Imperio Maurya.
   B. Los arios llegaron al norte de la India.
   C. La India se convirtió en colonia del Imperio Británico.
   D. Durante el Imperio Gupta, los matemáticos idearon el sistema de escritura de numerales que usamos actualmente.

2. Cuando la India se dividió en 1947, el estado musulmán que se creó se llamó
   A. Cachemira.
   B. Afganistán.
   C. Pakistán.
   D. Bangladesh.

3. Quienes practican el judaísmo, el cristianismo y el islamismo comparten una creencia en
   A. el sistema de castas.
   B. el monoteísmo.
   C. muchos dioses.
   D. Buda.

4. Actualmente, la religión más grande en el sudoeste asiático es
   A. el hinduismo.
   B. el budismo.
   C. el judaísmo.
   D. el islamismo.

5. ¿Cuál fue uno de los resultados de la formación de la Unión Soviética en 1922?
   A. Los soviéticos fomentaron el crecimiento del islamismo en Asia central.
   B. Asia central se dividió en cinco repúblicas.
   C. Aumentó la producción de alimentos en Asia central.
   D. La mayoría de la gente en Asia central era nómada.

Pregunta de respuesta corta

¿Qué efecto tuvo la Ruta de la Seda en Asia central?

____

____

____

____

Estrategia de vocabulario

La palabra *apogeo* tiene varios significados. Tal vez ya conozcas uno de ellos. ¿Qué significa en este contexto? Si quieres puedes consultar un diccionario.

____

____

____

✓ Verifica tu lectura

Enumera cuatro religiones que se practican en el sudeste asiático.

1. ___________________________

2. ___________________________

3. ___________________________

4. ___________________________

✓ Verifica tu lectura

¿Qué país en el sudeste asiático no estaba bajo un gobierno colonial en 1914?

País: ___________________________

El Imperio Khmer tuvo su <u>apogeo</u> entre los años 800 d.C. y 1434. Era uno de los varios reinos del sudeste asiático.

Una región de diversidad

Por mucho tiempo, las montañas del sudeste asiático mantuvieron separadas a las poblaciones. Así, cada grupo tenía su propia forma de vida. Al final, el sudeste asiático se relacionó con sus vecinos: la India y China. Pronto influyeron en las culturas del sudeste asiático.

Los comerciantes hindúes navegaron por el océano Índico hasta el sudeste asiático hace 2,000 años. Los hindúes llevaron las religiones del hinduismo y el budismo a la región. Después, los comerciantes musulmanes del norte de la India llevaron el islamismo a Indonesia y las Filipinas.

En el año 111 a.C., China conquistó Vietnam. Gobernó el país durante más de 1,000 años. Los vietnamitas adoptaron las formas de cultivo y gobierno de los chinos.

Hoy en día, muchos habitantes de Myanmar, Tailandia, Laos, Vietnam y Camboya son budistas. En Malasia e Indonesia hay muchos musulmanes y algunos hinduistas. Singapur tiene una mezcla de religiones. Los misioneros europeos llevaron el cristianismo a la región en el siglo XVI. Muchos habitantes en las Filipinas son cristianos. ✓

Gobierno colonial en el sudeste asiático

Los comerciantes europeos también llegaron en el siglo XVI. Al principio, construyeron puestos comerciales. Pero, en el siglo XIX, las naciones europeas controlaban la mayor parte del sudeste asiático. Tailandia era el único país en el sudeste asiático que no estaba bajo un gobierno colonial en 1914. ✓

España gobernó Filipinas durante 350 años. En 1898, Estados Unidos ganó la guerra Hispano-Americana y asumió entonces el control de Filipinas.

Los gobernantes coloniales en el sudeste asiático construyeron caminos, puentes, puertos y vías férreas. Esto ayudó a que crecieran las economías de las colonias. Las personas y los bienes podían desplazarse más. Los gobernantes coloniales también construyeron escuelas.

> **Término clave**
>
> **Imperio Khmer** *s.* imperio que abarcaba buena parte de la actual Camboya, Tailandia, Malasia y parte de Laos

A principios del siglo XX, los nacionalistas en el sudeste asiático buscaban la independencia de sus países. Durante la Segunda Guerra Mundial, los japoneses invadieron el sudeste asiático y forzaron a los europeos
40 a dejar el poder. Después de la guerra, los países de la región obtuvieron su independencia.

Vietnam, Camboya y Laos

Laos, Camboya y Vietnam eran colonias francesas antes de la Segunda Guerra Mundial. Se les conocía en conjunto como la Indochina francesa. Después de la guerra,
45 Francia trató de recuperar el control. Las fuerzas nacionalistas en Vietnam lucharon contra los franceses. En 1954, los franceses cedieron y se marcharon.

En 1954, Vietnam se dividió en dos. Vietnam del Norte era comunista. Vietnam del Sur no lo era. Los líderes de Vietnam del Norte querían un país con un gobierno comunista. Invadieron Vietnam del Sur, el cual se defendió con ayuda de Estados Unidos.

Después de años de lucha, Estados Unidos retiró sus fuerzas. En 1975, Vietnam del Norte asumió el control de
55 Vietnam del Sur. El país reunificado fue comunista. ✓

Camboya y Laos se independizaron de Francia en 1953. Como en Vietnam, comunistas y no comunistas lucharon por el poder.

En 1975, el Partido Comunista de Camboya, el Khmer
60 Rojo, asumió el gobierno de Camboya y ejerció políticas brutales. Mató a más de un millón de camboyanos. En 1998 se celebraron elecciones en Camboya que colocaron a un nuevo gobierno en el poder. Este gobierno buscó para Camboya seguridad y libertad.

Preguntas de repaso

1. ¿Cuáles son los dos países asiáticos vecinos del sudeste asiático?

   ____

   ____

2. ¿Cuáles colonias incluía la Indochina francesa?

   ____

   ____

Términos clave

nacionalista s. persona dedicada a los intereses de su país
Khmer Rojo s. partido comunista de Camboya

Objetivo de la destreza de lectura

¿Cuándo se dividió Vietnam en dos países?

____

____

✓ Verifica tu lectura

¿A qué país apoyó Estados Unidos con tropas durante la Guerra de Vietnam?

____

____

Resumen de la Sección 2

Colonización

Los primeros pobladores de Nueva Zelanda fueron los maoríes. Viajaron de Asia a Polinesia. Luego, hace unos 1,000 años, los maoríes navegaron hasta Nueva Zelanda.

Los primeros pobladores de Australia fueron los aborígenes. Muchos científicos piensan que los aborígenes viajaron desde Asia hasta Australia hace más de 40,000 años. Durante miles de años, se mudaron de un lugar a otro cazando y recolectando alimento. La gente vivía en pequeños grupos familiares. Tenían fuertes creencias religiosas sobre la naturaleza y la tierra.

En 1788, los británicos fundaron la primera colonia en Australia. Era una **colonia penal**. Pronto se asentaron ahí otros colonos. Luego, en 1851, se encontró oro. La población aumentó. En 1901, el país obtuvo su independencia. ✔

Los británicos colonizaron Nueva Zelanda casi al mismo tiempo que Australia. La colonia tenía buenos puertos y tierra fértil. Atrajo a muchos colonos británicos. Obtuvo su independencia en 1947.

Las culturas de Australia y Nueva Zelanda

La mayoría de los australianos y neocelandeses son descendientes de los colonos británicos. Comparten la cultura y las costumbres británicas. La mayoría tiene un nivel de vida elevado. ✔

Desde la llegada de los europeos, los aborígenes han sufrido muchas dificultades. Los colonos los expulsaron de sus tierras. Miles murieron por las enfermedades de los europeos. A otros los obligaron a trabajar en **estancias** ovejeras y vacunas. Incluso se les quitaba a sus hijos para criarlos con personas no aborígenes. En la actualidad, los aborígenes representan menos del 1 por ciento de la población.

Objetivo de la destreza de lectura

En el párrafo de la derecha, encierra en un círculo las palabras que señalan cuándo y cómo llegaron los maoríes a Nueva Zelanda.

✓ Verifica tu lectura

¿Qué pasó después de que se descubriera oro en Australia?

Estrategia de vocabulario

En el párrafo entre corchete, ¿cómo se usa la palabra *nivel*? ¿Cómo se usa aquí? Consulta un diccionario y copia la definición correcta.

✓ Verifica tu lectura

¿Por qué la mayoría de los australianos y neocelandeses comparten costumbres británicas?

Términos clave

maorí *s.* nativo de Nueva Zelanda cuyos ancestros viajaron de Asia a Polinesia y luego a Nueva Zelanda

aborigen *s.* se le llama así a los primeros pobladores de Australia, que probablemente llegó desde Asia

colonia penal *s.* lugar al que se envía a personas convictas por crímenes

estancia *s.* en Australia, rancho grande para criar ganado

En Australia también se asentaron personas que no eran británicas. Muchos llegaron durante la fiebre del oro, incluidos los chinos. Cerca de 3 por ciento de la población australiana es china.

35 Cuando Nueva Zelanda se hizo colonia británica, Gran Bretaña prometió proteger la tierra de los maoríes. Pero los colonos rompieron esa promesa. Durante años, lucharon maoríes y colonos, pero los colonos ganaron. Los maoríes se vieron obligados a adoptar la forma de 40 vida inglesa. Ahora, los maoríes practican su cultura. Cerca de 15 por ciento de los neocelandeses son maoríes. Su cultura es importante para la vida en Nueva Zelanda.

Después de la Segunda Guerra Mundial, muchos europeos emigraron a Nueva Zelanda. Los polinesios 45 también se asentaron ahí. La ciudad más grande de Nueva Zelanda, Auckland, cuenta con más polinesios que cualquier otra ciudad del mundo.

Las culturas de las islas del Pacífico

Los científicos creen que los primeros pobladores de las islas del Pacífico eran colonizadores del sudeste asiático. 50 Llegaron a las islas del Pacífico hace más de 30,000 años. Primero, se asentaron en Nueva Guinea.

Los grupos de islas estaban muy separados como para que los pobladores mantuvieran contacto. Cada grupo desarrolló su propio lenguaje, costumbres y creencias reli- 55 giosas. Pero tenían mucho en común. Obtenían su alimento del mar. También viajaban y comerciaban por mar.

En el siglo XIX, las naciones occidentales recorrían las islas del Pacífico. Para 1900, Estados Unidos, Gran Bretaña, Francia y Alemania reclamaban casi todas las islas.

60 Tras la Segunda Guerra Mundial, muchas de las islas obtuvieron su independencia. Las culturas tradicionales ya se habían mezclado con otras culturas. La mayoría posee gobiernos democráticos. Muchos habitantes de las islas del Pacífico leen y hablan inglés. ✔

Preguntas de repaso

1. ¿En qué se parecen las historias de los aborígenes y los maoríes?

____

____

2. ¿De dónde creen los científicos que llegaron los primeros pobladores de las islas del Pacífico?

____

____

✓ Verifica tu lectura

¿En qué se parecían las culturas de las islas del Pacífico después de la Segunda Guerra Mundial?

____

____

____

1. ¿Cuáles fueron los dos países que ejercieron una gran influencia en las culturas del sudeste asiático?
   A. la India y Gran Bretaña
   B. China y la India
   C. la India y Francia
   D. China y Japón

2. ¿Qué pasó después de que el Khmer Rojo asumió el control del gobierno de Camboya?
   A. Camboya se convirtió en un país democrático.
   B. La gente en Camboya pudo vivir libre y pacíficamente.
   C. Camboya finalmente obtuvo su independencia de Francia.
   D. El gobierno mató a más de un millón de camboyanos.

3. La primera colonia en Australia la estableció
   A. Gran Bretaña.
   B. Estados Unidos.
   C. la India.
   D. Francia.

4. Además de los colonos británicos, muchas personas de ______________ llegaron a Australia durante la fiebre del oro.
   A. Camboya
   B. la India
   C. China
   D. Laos

5. Después de la Segunda Guerra Mundial, la mayor parte de las islas del Pacífico obtuvo
   A. su independencia.
   B. sus propias colonias.
   C. más tierra.
   D. su calidad de miembro en la Unión Europea.

Pregunta de respuesta corta

¿Cómo afectó el comunismo al sudeste asiático al inicio de la década de 1950?

____

____

____

____

Resumen de la Sección 1

La economía de China, 1949–1980

En 1949, el Partido Comunista Chino estableció un nuevo gobierno. Mao Zedong estaba al mando. El gobierno asumió el control de las fábricas, empresas y tierras de cultivo chinas. En 1958, Mao inició un programa radical llamado el "Gran salto hacia adelante". Se suponía que ayudaría a que granjas y fábricas produjeran más bienes. Por desgracia, muchas fábricas generaron productos de baja calidad o inútiles. ✓

Al mismo tiempo, el mal clima destruyó los cultivos. No había alimento suficiente. Entre 1959 y 1961, unos 30 millones de personas murieron de hambre.

En 1966, Mao introdujo otro plan radical, la Revolución Cultural. Quería crear una sociedad nueva. Mao instó a los estudiantes a que se rebelaran y se unieran a los **guardias rojas**. Los guardias rojas de Mao destruyeron algunos de los edificios antiguos de China. Encarcelaron a artistas y maestros. Cuando terminó la Revolución Cultural en 1976, habían muerto cientos de miles de personas.

Taiwán desde 1949

Taiwán es una isla al sudeste de la China continental. Después de la Segunda Guerra Mundial, los nacionalistas lucharon contra los comunistas por el control de China, pero los comunistas ganaron en 1949. Los nacionalistas huyeron a Taiwán y crearon su propio país, la República de China. Tanto Taiwán como China reclamaron el derecho de gobernar al otro.

Los nacionalistas utilizaron el **sistema de libre empresa**. La economía de Taiwán pronto se convirtió en la más fuerte de Asia. Los nuevos programas ayudaron a las granjas a producir más cosechas, las cuales ayudaron a Taiwán a ganar más dinero. Los negocios en Taiwán venden muchos bienes a otros países, lo que también ayudó a crecer la economía. Dentro de estos bienes están los productos computacionales y otros aparatos electrónicos. ✓

Términos clave

radical *adj.* extremo

guardias rojas *s.* grupos de estudiantes que realizaron las políticas de Mao Zedong durante la Revolución Cultural

sistema de libre empresa *s.* sistema económico en el que la gente elige su trabajo, inicia negocios propios y obtiene ganancias

✓ Verifica tu lectura

¿Cuál fue el propósito del Gran salto hacia adelante de China?

____

____

____

✓ Verifica tu lectura

¿Qué tipo de sistema económico usaron los nacionalistas en Taiwán?

____

____

____

Lee los párrafos bajo el encabezado "Cambios en China". Enumera
tres aspectos en los que cambió
China después de la muerte de
Mao Zedong.

1. _______________________

2. _______________________

3. _______________________

Un nombre en el párrafo entre
corchete se pronuncia
chiaopin. Hállalo
y enciérralo en
un círculo.

¿Qué pasó con Hong Kong en
1997?

____

____

____

¿Cómo respondió el gobierno de
China a las demandas de democracia en 1989?

____

____

____

Cambios en China

Muchos países occidentales no comerciaban con China.
35 Al mismo tiempo, algunas de las políticas de Mao perjudicaron al país. En la década de 1970, los comunistas se
dieron cuenta que necesitaban modificar sus políticas.

Primero, China inició relaciones con Occidente. En
1971, se incorporó a las Naciones Unidas. En 1972,
40 Richard Nixon fue el primer presidente estadounidense
en visitar China. Ambas naciones empezaron a comerciar.

Mao murió en 1976. El nuevo líder, Deng Xiaoping,
inició un programa, "Las cuatro modernizaciones", para
mejorar la agricultura, industria, ciencia y defensa.

45 Deng permitió que algunas empresas extranjeras
poseyeran negocios. También permitió que algunos ciudadanos chinos operaran negocios privados. En el año
2000, los negocios privados producían cerca del 75 por
ciento del **producto interno bruto** de China.

50 En 1997, China recuperó el control de Hong Kong,
que había sido colonia británica desde finales del siglo
XIX. Era un centro de comercio, bancario y portuario
importante. ✓

China en la actualidad

China es ahora una potencia económica importante. Pero
55 se ha criticado al gobierno por la forma en que trata a la
gente. A quienes quieren un gobierno democrático en
ocasiones se les encarcela, lastima o mata. En 1989, el
gobierno mató e hirió a miles de personas que reclamaban democracia en la Plaza Tiananmen de Beijing. ✓

60 En el 2003, Hu Jintao se convirtió en presidente de
China. Hu puede disminuir el control del gobierno sobre
la economía.

Preguntas de repaso

1. ¿Quién asumió el control de China en 1949?

____

____

2. ¿Dónde está la República de China?

____

____

Término clave

producto interno bruto *s.* valor total de todos los bienes y servicios producidos en una economía

Resumen de la Sección 2

Construcción de una economía desarrollada

A principios del siglo XX, los japoneses se propusieron crear industrias. En la década de 1920, Japón era un importante país manufacturero.

La Segunda Guerra Mundial dejó en ruinas a Japón. Estados Unidos lo ayudó a reconstruir sus industrias. Además, el gobierno japonés contribuyó en la reconstrucción otorgando **subsidios** a las industrias. Las compañías construyeron grandes fábricas y vendieron más bienes.

Las industrias de alta tecnología son una parte importante de la economía japonesa. Desde los años sesenta, Japón produce robots industriales, relojes y cámaras. Japón construye y vende muchos autos y produce enormes cantidades de acero, barcos, televisores, bicicletas y discos compactos (CD).

Las compañías japonesas también mejoran los productos existentes. La videocasetera (VCR) se inventó en Estados Unidos, pero costaba mucho fabricarla ahí. Una compañía japonesa compró el invento y ahora Japón es el principal productor de videocaseteras.

Las compañías japonesas también inventaron muchas cosas, como los pequeños juegos electrónicos que sostienes en tus manos. Una compañía japonesa y una europea produjeron el primer CD. Los japoneses también ayudaron a crear el disco de video digital (DVD). ✔

Éxitos y desafíos

En la década de 1980, Japón tenía una de las economías más grandes y sólidas del mundo. Su economía dependía de la venta de sus productos a Estados Unidos y Europa. Pero los japoneses no compraban muchos bienes de Estados Unidos y Europa.

Esta situación perjudicó la relación comercial de Japón con los demás países. Luego, a principios de la década de 1990, hubo una **recesión** en Japón. La economía generó menos dinero y algunas compañías empezaron a despedir trabajadores. ✔

Términos clave

subsidio *s.* dinero que da el gobierno para ayudar a una compañía privada

recesión *s.* período durante el cual una economía y las empresas que la sustentan generan menos dinero

---

Estrategia de vocabulario

¿Cuál es la abreviatura de bicicleta?

____

____

✔ Verifica tu lectura

Enumera dos productos de alta tecnología fabricados en Japón.

1. _______________________

____

2. _______________________

____

✔ Verifica tu lectura

¿Cómo afectó la recesión de la década de 1990 a Japón?

____

____

³⁵ Desde 2004, la economía de Japón ha mejorado. Japón todavía posee una de las economías más fuertes del mundo. La manufactura sigue siendo importante. Pero ahora son más quienes trabajan en las industrias de servicios que en la manufactura. Las industrias de servicios abarcan los sectores ⁴⁰ bancario, comunicaciones, ventas, hoteles y restaurantes.

La vida en Japón

Actualmente, la vida en Japón es una mezcla de valores tradicionales y cambios modernos. Una de las tradiciones japonesas es trabajar en equipo. Por ejemplo, las compañías forman keiretsus. El keiretsu es un grupo de empresas que trabajan para beneficio mutuo. Un keiretsu puede incluir diferentes clases de compañías que fabrican bienes, proporcionan materias primas para los bienes y los venden.

La tradición del matrimonio está cambiando. Ahora, muchos japoneses optan por la soltería o casarse más tarde. En consecuencia, la **tasa de natalidad** es baja.

Antes de la Segunda Guerra Mundial, pocas mujeres en Japón trabajaban fuera de casa. Ahora, hay más mujeres trabajando que las que permanecen en casa. ⁵⁵ La mitad de las personas que trabajan son mujeres.

En la actualidad, Japón necesita más trabajadores. Debido a la baja tasa de natalidad, Japón no posee suficientes trabajadores jóvenes. La cantidad de personas mayores que ya no trabajan aumenta. Con una pequeña ⁶⁰ fuerza de **trabajo**, o menos trabajadores disponibles, las compañías deben pagar más para atraerlos. Esto aumenta el costo de los bienes y servicios que producen. ☑

Preguntas de repaso

1. Describe el papel de Japón en la industria de alta tecnología.

____

____

2. ¿Por qué Japón no tiene suficientes trabajadores?

____

____

Términos clave

tasa de natalidad *s.* cantidad de nacimientos vivos que hay cada año por cada 1,000 personas

trabajo *s.* actividad que la gente realiza a cambio de un pago

---

Objetivo de la destreza de lectura

En los párrafos entre corchete, busca una tradición japonesa que haya permanecido sin cambio y otra que se haya modificado.

____

____

____

✓ Verifica tu lectura

¿Qué pasa cuando hay menos trabajadores disponibles?

____

____

____

Resumen de la Sección 3

La frontera entre Corea del Norte y Corea del Sur no es como cualquier otra en el mundo. Ésta tiene una zona desmilitarizada, o ZDM. La ZDM tiene unas 2.5 millas (4 kilómetros) de ancho y 151 millas (248 kilómetros) de largo. A ambos lados hay armas y líneas defensivas.

Se estima que Corea del Norte tiene un millón de soldados en la frontera. Corea del Sur cuenta con unos 600,000 soldados. ¿Por qué existe la ZDM? En 1953, una tregua terminó la Guerra de Corea. Pero no se firmó ningún tratado de paz. Desde entonces, la frontera que divide a los dos países ha sido la más defendida militarmente que cualquier otra frontera del mundo.

Además de la división de Corea por la ZDM, hay muchas otras diferencias entre los dos países.

Corea del Norte: desafíos económicos

Corea del Norte es un país comunista, bajo una dictadura. El gobierno dirige la economía. El país se ha aislado del resto del mundo. Se ha mantenido al margen de las nuevas tecnologías e ideas. Pero posee recursos minerales ricos. Hasta el final de la Segunda Guerra Mundial, era el centro industrial de Corea.

Produce bienes deficientes en fábricas propiedad del gobierno. Éste ha hecho poco por diversificar la economía. La economía está en malas condiciones.

Los métodos agrícolas también son anticuados en Corea del Norte. Muchos agricultores queman las laderas de las colinas para sembrar. Con el tiempo, la lluvia deslava la tierra fértil y los campos ya no pueden cultivarse. En 1995, Corea del Norte sufrió la hambruna. Los funcionarios estimaron que 220,000 personas murieron de hambre entre 1995 y 1998. Por primera vez, Corea del Norte pidió ayuda a los países no comunistas. Sin embargo, el gobierno dijo en 2005 que dejaría de aceptar ayuda proveniente de otros países.

Términos clave

zona desmilitarizada *s.* zona en la que no se permiten armas

tregua *s.* acuerdo para terminar una lucha

diversificar *v.* agregar variedad

hambruna *s.* escasez alimentaria de grandes proporciones

Estrategia de vocabulario

¿Qué significa la abreviatura *ZDM*?

____

____

✓ Verifica tu lectura

¿Cómo afectó la hambruna a Corea del Norte?

____

____

____

¿En qué difieren el gobierno de Corea del Norte del de Corea del Sur?

____

____

____

Menciona tres productos que se elaboran en Corea del Sur.

1. ______________________________

2. ______________________________

3. ______________________________

¿Qué pasó cuando Corea del Norte anunció que estaba desarrollando armas nucleares?

____

____

____

Corea del Sur: crecimiento económico

A mediados de la década de 1950, Corea del Sur tenía pocas industrias. Ahora es una economía fuerte.

Corea del Sur es una democracia. Su economía se basa en la libre empresa. Tras la Segunda Guerra Mundial, sus fábricas elaboraban ropa y bienes procesados. Ahora, produce muchos bienes diferentes. Entre ellos se incluye barcos, aparatos electrónicos y chips de silicio. También procesa petróleo para elaborar plásticos, hule y otros bienes. ✓

El gobierno de Corea del Sur ha apoyado el crecimiento de la industria. Y ha ayudado a los agricultores. Algunos de estos programas les permitieron producir más cultivos. Otros programas ayudaron a mejorar la vivienda, las carreteras y el suministro de agua.

Pese a los éxitos, Corea del Sur todavía enfrenta algunos desafíos. Por ejemplo, no posee muchos recursos naturales. Debe importar materias primas de otros países para mantener a su industria.

Años de tensión

Las dos Coreas han sostenido una relación tensa desde el final de la Guerra de Corea. Ha habido muchos enfrentamientos entre sus tropas. En el 2000, los líderes de ambos países accedieron a trabajar en favor de la paz y la cooperación.

Pero en el 2002, Corea del Norte anunció que estaba desarrollando armas nucleares. Las noticias truncaron las esperanzas de paz entre las dos naciones y generaron gran preocupación en el mundo. Las conversaciones entre Corea del Norte y otros países llevaron a la elaboración de un nuevo acuerdo, pero no se ha realizado todavía. ✓

Preguntas de repaso

1. ¿Por qué la economía de Corea del Norte ha tenido menos éxito que la de Corea del Sur?

____

____

____

2. ¿De qué manera las relaciones entre Corea del Norte y Corea del Sur se mejoraron en el 2000?

____

____

____

1. La meta del "Gran salto hacia adelante" de China era
    A. construir hornos en los patios traseros para fabricar acero.
    B. hacer que los agricultores dejaran de sembrar la tierra.
    C. ayudar a las granjas y fábricas a producir más bienes.
    D. liberar a negocios y granjas del control gubernamental.

2. Después de 1976, los líderes chinos como Deng Xiaoping, empezaron a modificar la economía de China
    A. fortaleciendo el control gubernamental sobre la industria.
    B. enfocándose en hacer mejoras en la agricultura, la industria, la ciencia y la defensa.
    C. impidiendo la libre empresa.
    D. limitando las libertades políticas.

3. Japón tiene
    A. comunas.
    B. una tasa de natalidad elevada.
    C. una fuerza laboral creciente.
    D. un éxito económico.

4. ¿En qué se parecen los gobiernos de China y Corea del Norte?
    A. Ambos son gobernados por reyes.
    B. Ambos tienen gobiernos comunistas.
    C. Ambos usan el sistema de la libre empresa.
    D. Ambos tienen gobiernos democráticos.

5. ¿Cuál de las siguientes oraciones NO es verdadera acerca de Corea del Sur?
    A. Es una democracia.
    B. Su economía es sólida.
    C. El gobierno ha mejorado la vivienda y los caminos.
    D. Tiene todas las materias primas que necesita para su industria.

Pregunta de respuesta corta

¿Cuál fue el propósito de la Revolución Cultural?

____

____

____

____

Estrategia de vocabulario

En esta página, aparecen las palabras de la lista siguiente. Cada una contiene una raíz. Mientras lees, subraya las raíces en el texto.

creciendo
pobreza
especializados
electrodomésticos

¿Conocer la raíz te ayuda a averiguar el significado de las palabras?

✓ Verifica tu lectura

Enumera dos hechos sobre la población de la India.

1. _______________________

____

2. _______________________

____

✓ Verifica tu lectura

Menciona dos industrias importantes en la India.

1. _______________________

____

2. _______________________

____

184 Guía de estudio de lectura y vocabulario

Características clave de la población de la India

1 Actualmente, China tiene más población que cualquier otro país del mundo. La India ocupa el segundo lugar. Posee más de mil millones de habitantes y su población está creciendo. Para el 2050, se espera que la India tenga
5 más habitantes que cualquier otro país del mundo.

Cerca de 72 por ciento de los pobladores de la India viven en el campo, pero unos 300 millones viven en las ciudades. Para el 2030, más de 600 millones vivirán en las ciudades. Esto es casi igual a la población total de
10 Estados Unidos, México, Corea del Sur y Rusia juntos. ☑

Cerca de una cuarta parte de los habitantes de la India viven en la pobreza. Esto significa que sólo ganan el dinero suficiente para comprar el alimento que necesitan para vivir. Pero ha estado creciendo la clase media y ésta
15 gana lo suficiente para comprar bienes y servicios que mejoran su vida. La clase media de la India posiblemente sea una de las más grandes del mundo.

Una economía en crecimiento

La economía de la India crece con rapidez. A principios de la década de 1990, el gobierno de la India facilitó las
20 inversiones en su país a las compañías extranjeras. La clase media también contribuye a la economía. Compra muchos de los bienes y servicios que se producen en la India. Esto mantiene el dinero en el país y hace que crezcan los negocios. Al crecer la clase media, se reduce la
25 cantidad de pobres.

El crecimiento de las industrias también favorece a la economía de la India. La industria de software es una de las principales, la cual emplea a muchos trabajadores instruidos y especializados. También produce grandes
30 cantidades de otros productos, como electrodomésticos y produce más películas que cualquier otro país. ☑

La India compra más de lo que vende. Pero produce su propio alimento. Vende textiles, piedras semipreciosas y joyería. Estados Unidos es uno de sus mayores clientes.

Término clave

textiles *s.* telas tejidas que se usan para elaborar ropa

Progresos y desafíos

35 Durante muchos años, la India y Pakistán han luchado por Cachemira, que es un territorio ubicado en la frontera norte de la India y Pakistán. Ambos países han tratado de resolver el desacuerdo sobre Cachemira. En 2004, los dos países acordaron un cese al fuego. Las pláticas de
40 paz también han traído una nueva esperanza a la región.

El mayor desafío de la India será atender a su población creciente. Cada año, más personas necesitarán trabajo, vivienda, asistencia médica y educación. También necesitarán alimento, agua y electricidad.

45 Las enfermedades y la **desnutrición** son ahora problemas para millones de hindúes. Pero estos problemas mejoran poco a poco. El gobierno ha dado pasos para mejorar la asistencia médica. Paga más a los médicos para que trabajen en zonas rurales. También hay programas
50 para proteger a la gente contra ciertas enfermedades. ☑

En consecuencia, la gente en la India vive más. La **expectativa de vida** promedio era de 53 años en 1981. En el 2003, fue de 63 años. Este es un indicador importante de qué tan bien atiende el país a sus ciudadanos.
55 Otra forma de medir el buen desempeño del gobierno es el **índice de alfabetización**. En 1991, sólo 50 por ciento de la población india sabía leer y escribir. En el 2001, el índice aumentó a 65 por ciento. Conforme mejore la educación, el índice de alfabetización seguirá aumentando.

Preguntas de repaso

1. ¿Cómo ayuda la clase media a la economía de la India?

____

____

2. ¿Por qué ha aumentado la expectativa de vida en la India?

____

Términos clave

desnutrición *s.* nutrición deficiente ocasionada por falta de alimento o por una alimentación mal balanceada
expectativa de vida *s.* cantidad promedio de años que se espera que viva una persona
índice de alfabetización *s.* porcentaje de la población de 15 años de edad y mayor que sabe leer y escribir

Objetivo de la destreza de lectura

Mira el texto entre corchete para hallar dos efectos que puede tener el aumento de la población en un país.

1. _______________________

____

2. _______________________

____

✓ Verifica tu lectura

¿Cómo ha mejorado la India la asistencia médica para su pueblo?

____

____

____

1 Pakistán no recibe mucha lluvia. El abastecimiento de agua del país proviene de tres fuentes principales: el río Indo, las lluvias monzónicas y los glaciares que se derriten lentamente. Pakistán necesita hacer buen 5 uso de la poca agua que obtiene. Para ello, ha construido el sistema de irrigación más grande del mundo.

En el 2001, Pakistán atravesó por una terrible **sequía**. El gobierno estaba preocupado por la falta de agua. Consideró incluso la posibilidad de derretir parte de los 10 glaciares del norte del país para obtener agua. La idea se descartó por temor a perjudicar el medio ambiente.

Una nación agrícola

La economía de Pakistán se basa principalmente en la agricultura. Por ello el agua es importante.

Casi toda la agricultura de Pakistán se da en la cuenca 15 del río Indo. Ahí es donde está el sistema de irrigación. Los agricultores siembran algodón, trigo, caña de azúcar y arroz. Pakistán es uno de los diez principales productores de algodón del mundo. Cultiva tanto arroz que puede venderlo a otros países. ✓

20 El trigo es el principal cultivo alimenticio de Pakistán. La **Revolución Verde** ayudó a los agricultores a sembrar más trigo. El programa ayudó difundiendo métodos agrícolas modernos y tipos especiales de granos. En el 2000, Pakistán finalmente sembró suficiente trigo para 25 alimentar a su población e incluso vender un poco a Afganistán. Una de las principales metas de Pakistán es volverse **autosuficiente** en la producción de trigo.

Los agricultores paquistaníes usan miles de canales y zanjas para llevar agua del río Indo y sus **tributarios** a los campos. Esto les da un flujo de agua constante, aunque no haya lluvia. En consecuencia, puede sembrarse más tierra y se producen más cosechas.

Términos clave

sequía *s.* período prolongado de clima seco
Revolución Verde *s.* esfuerzo mundial por aumentar la producción de alimento en los países en desarrollo
autosuficiente *adj.* capaz de satisfacer las propias necesidades sin ayuda externa
tributario *s.* río que fluye hacia un río más grande

La irrigación resuelve muchos problemas, pero crea
otros. Por ejemplo, el agua del río tiene sal. Cuando los
cultivos se riegan con agua del río, la sal termina en la
tierra. Esta tierra salina hace que las plantas crezcan más
lentamente. Por tanto, los científicos paquistaníes buscan
ahora formas de ayudar al trigo a crecer en tierra salina.

Otro problema con el agua en Pakistán son las inundaciones ocasionadas por las fuertes lluvias monzónicas.
El gobierno ha construido presas para captar estas
lluvias. El agua se conduce después a los canales de
irrigación cuando es necesaria.

La industria en Pakistán

Las presas ayudan a los agricultores y las industrias. Las
presas usan la energía del agua para generar electricidad.
Esta hidroelectricidad la usan las fábricas. Gran parte de
la industria paquistaní está en las riberas del río Indo,
cerca de las fuentes de energía hidroeléctrica.

El crecimiento industrial de Pakistán empezó con la
agricultura, pues era lo que la gente conocía mejor. Las
industrias usaron cultivos que se habían cosechado por
mucho tiempo, como el algodón. Ahora, la economía de
Pakistán depende mucho de la industria textil. Los textiles son telas tejidas usadas para hacer ropa. Los productos textiles paquistaníes incluyen hilos y ropa de algodón. Más de 60 por ciento de lo que vende Pakistán a
otros países es de la industria textil. ✔

También hay otras industrias. La industria química
fabrica diversos productos. También hay varias fundi-
ciones de acero. Permiten que Pakistán fabrique la mayor
parte del acero que necesita. Hacer acero es más barato
que comprarlo a otros países.

Millones de paquistaníes trabajan en pequeños
talleres y no en grandes fábricas. Hacen palos de hockey,
muebles, cuchillos y monturas, así como hermosos
tapetes que han alcanzado fama mundial.

Preguntas de repaso

1. Explica uno de los resultados negativos de la
irrigación en Pakistán.

____

____

2. ¿En qué ayuda la industria textil paquistaní a la
economía del país?

____

____

✓ Verifica tu lectura

Da un ejemplo de industria en
Pakistán basada en la agricultura.

____

____

Economía de Israel

1 Israel tiene un paisaje agreste, cálido y seco. Tiene escasez de agua dulce y buena parte de su territorio no es apta para la agricultura. Pero los israelíes han creado un país con una economía moderna y una cultura viva.

5 Los israelíes han construido granjas en el desierto. Usan la **irrigación** para sembrar frutos, verduras, algodón y otros cultivos. El mar de Galilea es un lago de agua dulce al norte de Israel. Los israelíes bombean agua del lago por canales y ductos. Para crear más tierras de culti-10 vo, drenaron el lago Hula y los pantanos cercanos en la década de 1950.

Otra razón del éxito de la agricultura israelí es la cooperación. La mayoría de los agricultores de Israel viven en pequeñas aldeas llamadas *moshavim*. Comparten 15 equipo e información sobre nuevos métodos agrícolas. También juntan sus cultivos para obtener mejores precios.

Aproximadamente uno de cada cuatro israelíes trabaja en la manufactura. La mayor parte de la industria de 20 Israel se dedica a la alta tecnología. Fabrica equipo electrónico y científico de gran calidad.

Parte de la manufactura se realiza en asentamientos especiales llamados kibbutz. Quienes viven en **kibbutz** comen y trabajan juntos y comparten por igual las ganan-25 cias. Originalmente, la mayoría de los kibbutz se concentraba en la agricultura. Pero la moderna <u>maquinaria</u> agrícola ha reducido la necesidad de trabajadores agrícolas. Por lo tanto, muchos kibbutz se han dedicado a la manufactura.

30 La parte más importante de la economía de Israel es la industria de servicios. Un ejemplo de ella es el comercio. Israel se ubica a orillas del mar Mediterráneo. Su puerto principal es Haifa. Muchos de los productos que compra y vende pasan por ahí. Israel posee pocos recur-35 sos naturales, por eso debe comprar buena parte de lo que necesita a otros países. ✓

Estrategia de vocabulario

El sufijo *–aria* tiene varios significados. Consulta un diccionario y elige el significado correcto para escribir una definición de *maquinaria*.

____

____

____

✓ Verifica tu lectura

¿Qué industria es la parte más importante de la economía israelí?

____

____

Términos clave

irrigación *s.* riego de cultivos mediante canales y otras vías de agua artificiales

kibbutz *s.* asentamiento cooperativo

El pueblo de Israel

Israel tiene aproximadamente 6.5 millones de habitantes. Más de 90 por ciento de ellos viven en las ciudades.

Cerca de 80 por ciento de los habitantes de Israel son
40 judíos. Pero hay muchas diferencias entre ellos. Cuando se fundó Israel en 1948, la mayoría de los judíos que se mudaron ahí eran de Europa y América del Norte. Estas personas provenían de países modernos y ayudaron a hacer de Israel un país moderno y desarrollado. Después,
45 llegaron grupos de judíos de otros países del Medio Oriente, de Etiopía en África y de Rusia. ☑

Alrededor de 16 por ciento de los habitantes de Israel practica el islamismo. La mayoría de los musulmanes, que viven bajo el control israelí, son árabes palestinos. Antes
50 de 1948, la región se conocía como Palestina. Tanto judíos como árabes palestinos creen que Palestina es su tierra natal. Israel ocupó partes de Egipto, Jordania y Siria luego de una serie de guerras con sus vecinos árabes. Los árabes llaman a éstos los "territorios ocupados". Incluyen la
55 Ribera Occidental y las Cumbres del Golán. Israel cedió el control de la Franja de Gaza a los palestinos en 2005.

Durante años, ha habido violencia entre palestinos e israelíes. Personas de ambos bandos han tratado de hacer la paz, pero la violencia continúa. Una de las razones es que muchos palestinos abandonaron sus hogares durante las guerras entre árabes e israelíes, y ahora quieren regresar, pero los israelíes se oponen. Otra razón es que muchos israelíes desean permanecer en las casas que construyeron en los territorios ocupados, a lo cual se oponen los palestinos.

Preguntas de repaso

1. ¿Cómo siembran los agricultores israelíes en el desierto?

____

____

2. ¿Qué porcentaje de la población israelí es musulmana?

____

____

Términos clave

Ribera Occidental *s.* región en disputa en la ribera occidental del río Jordán

Franja de Gaza *s.* región en disputa en la costa del Mediterráneo

---

✓ Verifica tu lectura

Menciona dos zonas de las que llegaron a Israel los judíos.

1. _______________________

2. _______________________

Objetivo de la destreza de lectura

Busca en el párrafo entre corchete dos causas de los desacuerdos que dividen a israelíes y palestinos.

____

____

____

____

1 Durante más de mil años, musulmanes de todo el mundo han viajado a la ciudad de la Meca, en Arabia Saudita. Ir a la Meca es una parte importante de la religión musulmana. El recorrido tiene un nombre: hajj. Los musul-
5 manes deben hacer el hajj al menos una vez en su vida.

Riqueza petrolera y Arabia Saudita

En 1900, la Meca era una ciudad muy pobre. Arabia Saudita era uno de los países más pobres del mundo. Casi todo el país es un desierto. Muchos habitantes se ganaban la vida pastoreando animales.

10 En la década de 1930, se descubrió petróleo en el sudoeste asiático. El petróleo es un recurso natural valioso. Uno de los productos derivados es la gasolina que usan los autos. El hallazgo de petróleo cambió todo. Enriqueció a Arabia Saudita. Crecieron y aún siguen cre-
15 ciendo grandes ciudades. Al aumentar los precios del petróleo, se construyen edificios rápidamente; al disminuir, se detiene la construcción. Esto es porque su economía está basada en el petróleo.

Arabia Saudita tiene la economía petrolera más
20 grande del mundo. Posee alrededor de una cuarta parte del petróleo del planeta. ✓

El dinero por el petróleo cambió la vida de los sauditas. Desde la década de 1960, el gobierno usó el dinero por la venta de petróleo para modernizar al país.
25 Construyó carreteras modernas, aeropuertos, puertos marítimos y un sistema telefónico.

Los sauditas también construyeron miles de escuelas. El país tiene ocho grandes universidades. En 1900, muchos sauditas no sabían leer ni escribir. Ahora, se
30 convierten en médicos, científicos y maestros.

La vida diaria en Arabia Saudita

En Arabia Saudita, el islamismo es parte de su vida. Por ejemplo, para poder usar un producto nuevo, como el teléfono celular, los líderes religiosos de la nación lo estudian. Ellos deciden si va en contra de los valores musul-
35 manes. Si es así, prohíben su uso.

Término clave

hajj *s.* peregrinación o viaje a la Meca que realizan los musulmanes durante el mes de hajj

---

Objetivo de la destreza de lectura

Lee los párrafos bajo el encabezado "Riqueza petrolera y Arabia Saudita". El descubrimiento de petróleo generó varios efectos. Enumera tres de ellos.

1. ______________________________

____

2. ______________________________

____

3. ______________________________

✓ Verifica tu lectura

¿Aproximadamente qué parte del petróleo del mundo está en Arabia Saudita?

____

____

En Arabia Saudita hay tiendas departamentales, hoteles y universidades. Pero no hay teatros o clubes nocturnos. La mayoría de los sauditas siguen una rama del islamismo que prohíbe este tipo de entretenimiento.

El alcohol y el puerco son ilegales. Las tiendas cierran cinco veces al día cuando los musulmanes rezan. Los sauditas usan algunos inventos occidentales. Pero se aseguran de que no estén contra las tradiciones islámicas.

Muchas leyes y tradiciones tienen que ver con el papel de la mujer. No se les permite realizar ciertas cosas. Por ejemplo, las sauditas deben cubrirse con un velo negro de cuerpo entero cuando están en público. No pueden votar ni conducir automóviles. Sin embargo, las mujeres pueden desempeñar varios trabajos. Pueden poseer y administrar negocios.

A las mujeres sauditas también se les permite estudiar. Hoy en día, hay más mujeres que hombres estudiando en las universidades del país. Pero niños y niñas asisten a diferentes escuelas. En la universidad, mujeres y hombres no estudian juntos.

La mayoría de las reglas de la vida diaria provienen del Corán que es el libro sagrado del Islam. Los musulmanes lo consideran como una guía en su vida.

El gobierno de Arabia Saudita

El Islam orienta algo más que la vida diaria en Arabia Saudita. El gobierno del país se basa en el Corán. Es una monarquía absoluta gobernada según la ley islámica. El rey y la familia real conforman la mayor parte del gobierno. No se permiten ni los partidos políticos ni las elecciones.

Preguntas de repaso

1. ¿En qué recurso natural se basa la economía de Arabia Saudita?

____

____

2. ¿Cómo consideran los musulmanes el Corán?

____

____

Términos clave

Corán *s.* libro sagrado del Islam
monarquía *s.* estado o nación en que el poder lo ostenta un monarca: rey, reina o emperador

---

Estrategia de vocabulario

En los párrafos de la izquierda aparecen las palabras siguientes. Sus raíces se modificaron un poco cuando se redactó este texto. Escribe la raíz de cada palabra en la línea que está a su lado. Luego, mientras lees, encierra las palabras en un círculo.

protegidas
construyeron

✓ Verifica tu lectura

Da dos ejemplos de cómo el Corán forma parte de la vida diaria en Arabia Saudita.

1. _____________________

____

2. _____________________

____

✓ Verifica tu lectura

¿Qué clase de gobierno tiene Arabia Saudita?

____

____

Estrategia de vocabulario

En esta página aparece la siguiente palabra. Contiene un sufijo. Subráyalo. Luego escribe la definición del sufijo en las líneas proporcionadas.

libertad

____

____

Agrega el significado del sufijo al significado de la palabra raíz. ¿Qué significa *libertad*?

____

____

____

✓ Verifica tu lectura

¿Qué pasó en Afganistán después de los ataques terroristas del 11 de septiembre de 2001?

____

____

✓ Verifica tu lectura

¿Qué han hecho algunos países occidentales para ayudar a los países de Asia central?

____

____

____

192 Guía de estudio de lectura y vocabulario

Afganistán, Kazajstán, Uzbekistán, Tayikistán, Turkmenistán y Kirguizistán forman los Stans.

Guerra y descontento en Afganistán

Por muchos años, Afganistán ha tenido serios disturbios. La Unión Soviética la invadió en 1979. Muchos huyeron a Pakistán. Ahí vivieron en campos de **refugiados**. Las tropas soviéticas se retiraron en 1989.

En 1996, un grupo llamado los talibanes ganaron el poder en Afganistán. Seguía una forma muy estricta del Islam. Hicieron que todos en el país siguieran sus reglas. A quien desobedecía estas reglas lo mataban o castigaban severamente. A las niñas no se les permitía ir a la escuela.

Osama bin Laden, un árabe saudita que vive en Afganistán, ha brindado apoyo a los talibanes. Bin Laden dirigía un grupo terrorista llamado al-Qaeda. Era el principal sospechoso en los ataques terroristas del 11 de septiembre del 2001. Como los talibanes no entregaron a bin Laden a Estados Unidos, tropas estadounidenses invadieron Afganistán en octubre del 2001. Los estadounidenses pronto derrocaron a los talibanes, y los afganos ahora tienen un gobierno democrático. ✓

Conflictos en otros países de Asia central

Otros países en Asia central también han tenido conflictos. Asia central es una mezcla de grupos étnicos y culturas. Durante muchos años, el fuerte gobierno soviético mantuvo las tensiones bajo control. Cuando terminó el gobierno soviético, surgieron conflictos.

Los kasakos y los rusos han reñido en Kazajstán. La guerra civil se prolongó en Tayikistán durante buena parte de la década de 1990 y dejó al país en ruinas. Los extremistas musulmanes en Uzbekistán trataron de derrocar al gobierno.

Algunos gobiernos en la región anularon las libertades políticas y lesionaron los derechos humanos. Varios países se han convertido en **dictaduras**. Algunas naciones occidentales han prestado ayuda a los Stans. Les han dado dinero para contribuir a establecer una democracia. ✓

Términos clave

refugiado *s.* persona que huye de la guerra u otros desastres

dictadura *s.* forma de gobierno en la que el poder lo ostenta un líder que tiene autoridad absoluta

Condiciones económicas en Asia central

Los Stans son principalmente países pobres. La agricultura es la columna vertebral de su economía. Sin embargo, están creciendo otras industrias.

Durante el período soviético, grandes granjas algodoneras producían enormes cantidades de algodón para exportación. El cultivo de algodón aún es importante. Pero cada vez se siembran más granos, frutos y verduras, y se cría más ganado. ✓

Las ciudades de esta zona están creciendo. Muchos viven en departamentos y trabajan en oficinas o fábricas. Muchas de las fábricas son viejas y no funcionan bien. Algunas se han actualizado.

Varios de los Stans son ricos en petróleo, gas natural y otros minerales. A las compañías extranjeras les gustaría exportar esos recursos. Sin embargo, estos países están rodeados de tierra. Se proyecta construir ductos que permitan sacar el petróleo y el gas de la región.

Aspectos ambientales

La Unión Soviética dañó el medio ambiente de Asia central. Durante años, realizó pruebas nucleares en el norte de Kazajstán. Por estas pruebas, la región tiene una contaminación por radiación terrible. La radiación ha perjudicado a las personas que viven cerca. La contaminación tardará años en desaparecer.

Otro problema importante es la desecación del mar de Aral. Durante años, los soviéticos tomaron el agua de los ríos que alimentaban ese mar y el resultado fue que ahora se está secando. ✓

Sin embargo, grandes partes de Asia central aún están intactas. Son un recurso clave para la región.

Preguntas de repaso

1. ¿Cuál es la principal actividad económica en los Stan?

____

____

2. ¿En qué afectaron las pruebas nucleares a Kazajstán?

____

____

Término clave

rodeado de tierra *adj.* no tener acceso directo al mar

✓ **Verifica tu lectura**

Además del algodón, ¿qué tipos de cultivos importantes se siembran en Asia central?

____

____

Objetivo de la destreza de lectura

En el párrafo entre corchete, ¿qué palabras indican una causa de la contaminación en Asia central?

____

____

✓ **Verifica tu lectura**

¿Cómo han afectado los problemas del medio ambiente a los Stans?

____

1. Durante muchos años, la India y Pakistán han luchado por un territorio llamado
   A. Cachemira.
   B. los Stans.
   C. Talibán.
   D. Haifa.

2. La economía de Pakistán se basa principalmente en
   A. la agricultura.
   B. la industria textil.
   C. los tapetes.
   D. la energía hidroeléctrica.

3. La parte más importante de la economía israelí es
   A. la agricultura.
   B. la manufactura.
   C. la industria de servicios.
   D. el turismo.

4. Los musulmanes de todo el mundo deben viajar a la Meca en Arabia Saudita
   A. para comprar gasolina barata.
   B. para recibir una buena educación.
   C. para votar en las elecciones de Arabia Saudita.
   D. para realizar el viaje religioso conocido como el hajj.

5. Varios países de Asia central se han convertido en
   A. monarquías absolutas.
   B. democracias.
   C. dictaduras.
   D. monarquías constitucionales.

Pregunta de respuesta corta

¿Por qué continúa el conflicto entre israelíes y palestinos?

____

____

____

____

CAPÍTULO 26

Resumen de la Sección 1

Décadas de conflicto y guerra

Vietnam atravesó por un prolongado período de conflicto. De 1946 a 1954, los vietnamitas lucharon para derrotar a Francia. Luego Vietnam se dividió en dos naciones. Los comunistas gobernaban Vietnam del Norte. Estados Unidos apoyó al gobierno no comunista de Vietnam del Sur. Las elecciones prometían unir a Vietnam en un solo gobierno.

Sin embargo, lo que sucedió fue una guerra civil. Las elecciones no se efectuaron porque Estados Unidos y los líderes de Vietnam del Sur temían que los comunistas pudieran ganar. Este temor de los líderes estadounidenses se debía a que creían en la teoría del dominó. Esta teoría indicaba que si los comunistas ganaban en Vietnam, las naciones cercanas también se convertirían en comunistas.

En 1959, los comunistas iniciaron una guerra para apoderarse del sur. Su líder, Ho Chi Minh, quería que todo Vietnam fuera una nación comunista. Al principio, Estados Unidos envió asesores militares para ayudar a Vietnam del Sur. Luego, cientos de miles de soldados estadounidenses llegaron a combatir al Viet Cong comunista. En 1968, había más de 500,000 soldados estadounidenses en Vietnam.

A principios de la década de 1970, la lucha se extendió. Vietnam del Norte enviaba provisiones a sus tropas por medio de las naciones cercanas de Laos y Camboya. Estados Unidos bombardeó esta ruta de aprovisionamiento y luego invadió Camboya. Los vietnamitas del Sur atacaron Laos.

Miles de soldados estadounidenses fueron heridos o muertos en Vietnam. Muchos estadounidenses querían que terminara la guerra. En 1973, Estados Unidos retiró sus tropas de Vietnam. Más de 3 millones de estadounidenses pelearon en la guerra de Vietnam.

Términos clave

guerra civil *s.* guerra entre partidos políticos o regiones del mismo país

teoría del dominó *s.* idea según la cual si un país caía en el comunismo, las naciones vecinas también lo harían, como una hilera de fichas de dominó

Estrategia de vocabulario

Halla y encierra en un círculo todas las palabras y frases de esta página que indiquen secuencia.

✓ Verifica tu lectura

¿Por qué Vietnam del Norte inició una guerra contra Vietnam del Sur?

Después de la guerra de Vietnam

35 Vietnam del Norte conquistó Vietnam del Sur en 1975.
Luego, el país se reunificó. Tuvo un gobierno comunista.
Vietnam salió muy lastimado de la guerra. Más de un
millón de personas habían muerto o estaban heridas.
Vietnam necesitaba reconstruir los hogares, granjas y
40 fábricas destruidas en la guerra.

Sin embargo, la economía vietnamita no crecía.
Vietnam tuvo que hacer algunos cambios. Vietnam sigue
siendo un país comunista en la actualidad. Pero ahora el
gobierno permite que algunas personas dirijan sus
45 propios negocios. Esto significa el uso del sistema de
libre empresa, lo cual ha mejorado la vida de muchos
vietnamitas.

El mayor éxito de Vietnam ha sido la reconstrucción
de sus ciudades. Hanoi, en el norte, es la capital. La ciu-
50 dad más rica es Ciudad Ho Chi Minh. Solía llamársele
Saigón, cuando era capital de Vietnam del Sur. Ahora, es
un centro de comercio. ☑

Algunos vietnamitas que viven en las ciudades tienen
más dinero que otros vietnamitas. Pueden comprar
55 muchas cosas como las que usan los estadounidenses.
Muchos dirigen negocios que ayudan a la economía de
Vietnam.

La economía de Vietnam creció rápidamente durante
la mayor parte de la década de 1990. Inversionistas de
otros países empezaron a hacer negocios en Vietnam. La
agricultura se duplicó. Vietnam ya no tenía que comprar
alimentos a otros países. Por el contrario, se convirtió en
uno de los países con mayores ventas de arroz a otras
naciones.

Preguntas de repaso

1. Describe la participación de Estados Unidos en la
guerra de Vietnam.

____

____

____

2. ¿En qué aspectos ha tenido éxito Vietnam en la
reconstrucción de su economía?

____

____

____

Actividades económicas

Australia era una colonia de Gran Bretaña. Desde su independencia, la población de Australia se ha diversificado mucho. Esto significa que personas de lugares y antecedentes distintos han hecho de Australia su hogar.

En la actualidad, Australia mantiene estrechos lazos con otras naciones de la Cuenca del Pacífico. Estos países limitan con el océano Pacífico. Entre ellos se hallan Japón, Corea del Sur, China y Taiwán. Estados Unidos es otra nación importante de la Cuenca del Pacífico. Es uno de los principales socios comerciales de Australia. La economía australiana depende del comercio con las naciones de la Cuenca del Pacífico.

Australia exporta productos a muchos países en Asia. Grandes barcos cargueros transportan ganado, lana y carne australianos a los mercados de otros países. También transportan minerales australianos a Japón.

Sólo 7 por ciento del territorio australiano es bueno para la agricultura. Buena parte de esta tierra está en el sudeste y a lo largo de la costa este de Australia. Los pocos ríos del país se hallan en esas zonas. Los agricultores usan los ríos para irrigar sus cultivos. El cultivo más importante es el trigo. Australia es uno de los principales productores de trigo del mundo.

La cría de ganado también es importante para la economía australiana. Se vende carne de ovejas y reses a otros países. Australia es el principal productor de lana del mundo. Muchas de las reses y ovejas se crían en grandes ranchos llamados estancias. Algunas de las más grandes están en la llanura desértica. Pocas personas viven en esta región árida y seca. ✔

En la llanura desértica hay poca hierba para pastar. Por ello las estancias son tan grandes. Hay una estación que abarca unas 12,000 millas cuadradas (31,080 kilómetros cuadrados), es decir, ¡más grande que el estado de Maryland! En la llanura desértica, los rancheros usan pozos artesianos como abrevaderos para su ganado.

Términos clave

llanura desértica *s.* territorio seco que consta de llanuras y mesetas y que forma buena parte del centro y el occidente de Australia

pozo artesiano *s.* pozo en el que el agua fluye por presión natural sin bombearla

---

Objetivo de la destreza de lectura

¿Qué detalles en el párrafo entre corchete explican el significado de "Cuenca del Pacífico"?

____

____

____

✔ Verifica tu lectura

¿En qué ayuda la cría de ganado a la economía australiana?

____

____

____

Mejoramiento de la vida de los aborígenes

Los aborígenes fueron los primeros pobladores de Australia. En la actualidad, se esfuerzan por preservar su cultura. También desempeñan un papel cada vez más 40 importante en la economía australiana. Por ejemplo, ahora posen sus propias compañías.

Los líderes aborígenes han buscado mejorar la vida de su pueblo. En sus escuelas se enseñan ahora lenguas aborígenes. Ellos celebran los sucesos importantes con 45 canciones y bailes. Estas manifestaciones culturales se han trasmitido de padres a hijos durante cientos de años. Los artistas también contribuyen a atraer la atención hacia la cultura aborigen. Crean pinturas tradicionales en piedra y en corteza de árbol.

50 Los líderes aborígenes han ayudado a su pueblo de otra forma importante. Ayudaron al gobierno de Australia a comprender que debía realizar cambios. El gobierno ha empezado a regresarles sus tierras a los aborígenes. Ha construido ahí escuelas y hospitales. 55 También ha empezado a proteger algunos de los lugares que son importantes en la religión aborigen.

Los aborígenes cuentan ahora con más derechos. Pero su meta principal es recuperar las tierras que solían pertenecer a su pueblo. Los tribunales han contribuido a 60 lograr este objetivo. Sin embargo, muchos rancheros y agricultores viven ahora en esas tierras y no quieren regresar las tierras. Tomará varios años resolver este problema. ☑

Preguntas de repaso

1. ¿Por qué pocas personas han hecho de la llanura desértica su hogar en Australia?

____

____

____

2. Da dos ejemplos que demuestren cómo han trabajado los líderes aborígenes para mejorar la vida de su pueblo.

____

____

____

Estrategia de vocabulario

En el último párrafo, se usan dos palabras señal para mostrar contraste. Hállalas y enciérralas en un círculo.

Marca el Texto

✓ Verifica tu lectura

En la actualidad, ¿cuál es el objetivo principal de los aborígenes en Australia?

____

____

____

1. ¿Qué temía Estados Unidos que pudiera suceder si no ayudaba a Vietnam del Sur a luchar contra Vietnam del Norte?
   A. Que los franceses tomaran el control.
   B. Que Vietnam del Norte atacara a China.
   C. Que los comunistas controlaran a Vietnam del Sur.
   D. Que Estados Unidos perdiera el control de Vietnam del Norte.

2. En la actualidad, Vietnam
   A. está dividido en dos naciones.
   B. es una nación comunista que permite cierto grado de libre empresa.
   C. es uno de los países más ricos de Asia.
   D. aún es incapaz de reconstruir sus ciudades.

3. Algunos de los socios comerciales de Australia en la Cuenca del Pacífico son China, Taiwán,
   A. la India y Francia.
   B. Italia y Estados Unidos.
   C. Gran Bretaña y Nueva Zelanda.
   D. Japón y Estados Unidos.

4. ¿Dónde se encuentran algunos de los ranchos, o estancias, más grandes de Australia?
   A. en la parte sudeste del país
   B. a lo largo de la costa este
   C. en la costa oeste
   D. en la llanura desértica

5. ¿Cómo están trabajando los aborígenes para mejorar la vida de su pueblo?
   A. En sus escuelas se enseñan ahora lenguas aborígenes.
   B. Tienen una mayor participación en la economía de Australia.
   C. Sus artistas contribuyen a llamar la atención hacia su cultura.
   D. todo lo anterior

Pregunta de respuesta corta

¿Cómo ha cambiado Vietnam desde el final de la guerra de Vietnam?

____

____

____

____